超ど素人がはじめる米国株

20代怠け者 著
（上本敏雅）

SE
SHOEISHA

米国株は「ほったらかしで勝てる投資」

アメリカの企業への投資、米国株投資は実は**「ほったらかしで勝てる投資」**です。

一度購入して長期間置いておけば自然と儲かる。そんな理想的な環境がなんと100年以上の歴史にわたって実現されてきました。

みなさんは、投資と聞くとどのようなものをイメージするでしょうか？

多くの人が持つイメージは、

・株価やグラフを毎日こまめにチェックする必要がある

・毎日のように頻繁にトレードする必要がある

というものではないでしょうか。そして「なんだか難しそう……」と、踏み出せない方も多いと思います。

自然に資産が増えていく

米国株の場合、このような難しいことをする必要はありません。「米国株市場」に積立投資していけば、**株価のチェックは不要ですし、トレードを何度も何度も行う必要もない**のです。

それこそ、働きながらでも余裕でできる投資方法です。

重要なのは株式投資そのものというよりも、「米国株市場」に投資することです。

近年は「ほったらかし投資」という言葉も一般的になってきました。毎月、一定金額を積み立てる設定をすれば、後はほったらかしにしておいても自然に資産が増えていく、というものです。

このほったらかし投資というのが、実は米国株で可能なのです。本書では、米国株の魅力と、その投資方法についてわかりやすく解説していきます！

早速見ていきましょう！

みなさんが持つ投資のイメージ……

毎日こまめにチェックする必要がある

頻繁に売買を繰り返さないと儲からない

米国株は
ほったらかし投資ができる市場!

過去最高値を更新し続ける米国株

米国株こそ最強の投資対象である！ と考える理由は次の2つです。

①過去、長期間にわたって株価が成長してきた実績

②積極的に株主へ配当金を還元する姿勢

米国株が強いといわれる何よりの理由が、**長期間にわたって続いている成長とマーケットの力強さ**にあります。

平均株価は30年で10倍以上に

左のページに掲載している過去30年間にわたる米国株の株価の推移を見ると、何度かの変動を繰り返しながらも、右肩上がりで株価が上昇していることがわかります。

30年前、１９９０年頭には３２２ポイントだった平均株価は、２０２０年頭には３２５８ポイントにまで上昇しており、これは10倍以上もの成長です。

もし**30年前に１００万円投資していれば、単純計算で１０００万円以上に増えていた！** ということになるわけですね。

そうでなくとも、どこかのタイミングで投資をしていれば、ほぼ確実に株価が上昇し、儲かっていたことになります。これだけの長期間に株価の成長を見せたのは、実は世界中広く見渡しても米国株だけなのです。

同期間の**日本の株価の推移を見てみると、過去30年間、ほぼ横ばい**を続けています。このような市場では「ほったらかし投資」は成功しづらいです。これは日本だけに限らず、大きく経済成長している中国や新興国でも同じような現象が見られます。

経済成長と株価がしっかりリンクして利益を出しやすいのが、米国株なのです。

米国株が最強である理由

❶過去、長期間にわたって株価が成長を続けてきた実績がある

❷積極的に株主へ配当金を還元する姿勢がある

S&P500の推移

配当金による安定収入が期待できる！

積極的に株主へ配当金を支払って還元する、という姿勢が強いのも米国株の特徴です。

アメリカでは「**株式会社は株主のものである**」という意識が強く、株式の購入・保有で企業の活動を支えている株主を大事にするという文化があります。

こうした文化が根付いているため、安定的に株主へ配当を続けている企業が多いのも米国株投資の大きなメリットです。中には、60年以上——日本では昭和30年代の高度成長期と呼ばれる時期から——ずっと安定配当している優良企業もあります。

そのような企業が多いからこそ、株主も株を保有し続けることができ、結果的に株価も安定的に上昇するという効果があるのですね。

マクドナルドは44年連続増配

こうした配当金による安定的な利益を「**インカムゲイン**」と呼びます。米国株は、株式投資でありながらも安定的な利益を得られる投資、つまり、不労所得を手に入れることが期待できるんです。

また、米国企業には**安定的に配当しつつ、配当金額も長期間で少しずつ増やしているという連続増配企業**も多く存在します。

例えばマクドナルドもこの連続増配企業の１つで、過去44年間、毎年増配をしている企業です。２０１７年のマクドナルドの配当金は１株あたり計３・８３ドルで、翌年は４・１９ドル、２０１９年は４・７３ドルとなり、２０２０年は５・０４ドルの配当金が支払われています。

持ち続ければ持ち続けるほど不労所得が増えていく、魅力的な投資方法なんですね！

米国株は配当金で儲かる

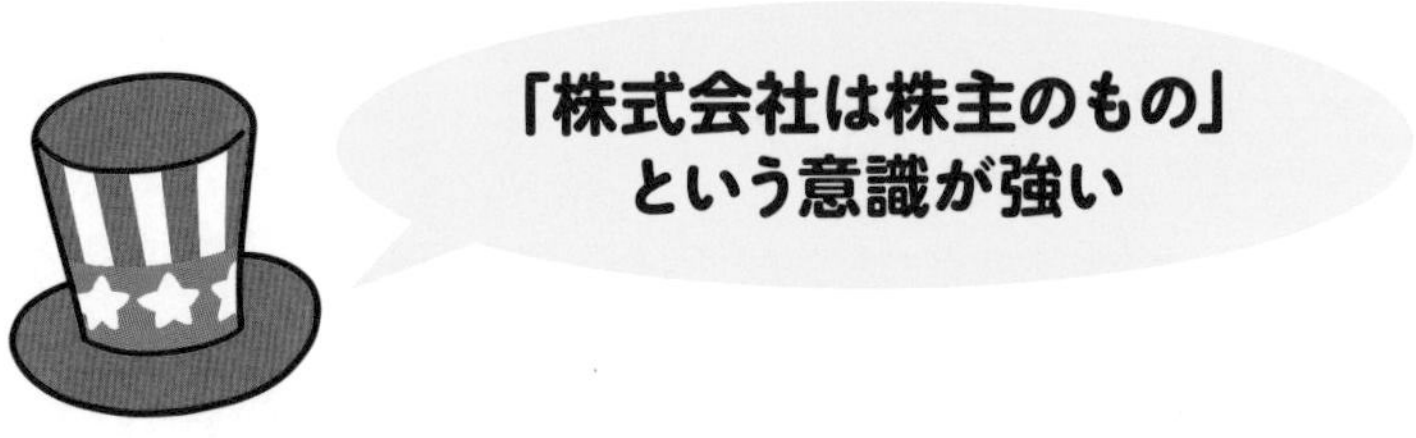

株主への還元＝安定した配当金の支払い
➡インカムゲインが狙える投資

米国株の配当金の支払いは年4回。
景気や業績に左右されずに、
安定配当＋連続増配を続ける大企業が数多くある!

【例】マクドナルド株の場合…… 毎年、増配を続けている!

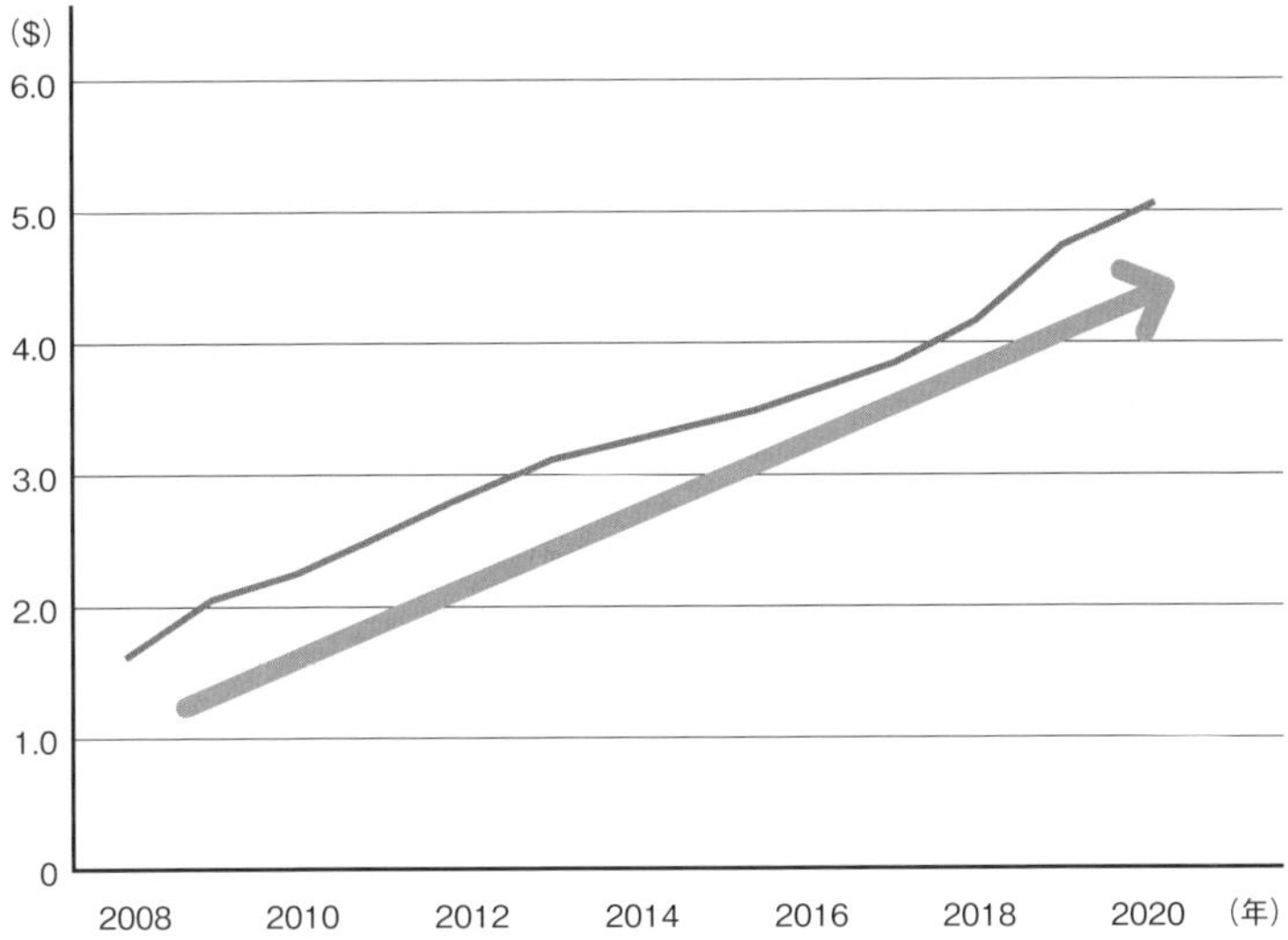

値上がりによる利益も期待できる！

すでにお伝えしたとおり、長期間株価の最高値を更新してきた米国株であれば、市場平均に投資するだけで値上がりによる利益を得ることも簡単です。

こうした資産の値上がりによる利益のことを「**キャピタルゲイン**」と呼びます。株式を購入し、値上がりしたところで売却することで、その分の差額の利益を得るというものです。これはいわゆる「株式投資の儲け方」としてもよく紹介されるものですね。

短期的なトレードで儲ける場合は、このキャピタルゲインを狙うことになります。

米国企業では、テクノロジー株、いわゆるＧＡＦＡと呼ばれるＩＴ系大企業を中心に、「**株価を上げることで株主に貢献する**」としている企業が多くあります。

例えば、世界最大のネット通販サイトであるアマゾンは、１９９７年の上場以来、一度も配当金を支払っていません。

その代わりに、事業を拡大し成長していくことで株主に貢献するとして、株価を上げる方策を長年取っています。なんと、２０１０年11月に１７０ドル程度だった株価は、２０２０年11月には約３１００ドルと、10年間で18倍以上成長しています。

もちろん、ここまで猛烈に株価を上げていくことは珍しいのですが、長年市場全体が上昇傾向にある米国株では、配当金というインカムゲインをもらいつつ、さらに値上がりのキャピタルゲインの両方を狙うことも簡単に可能です。

この両方の利益を同時に狙うことができる株式市場は、アメリカだけです。

米国株は値上がりでも儲かる

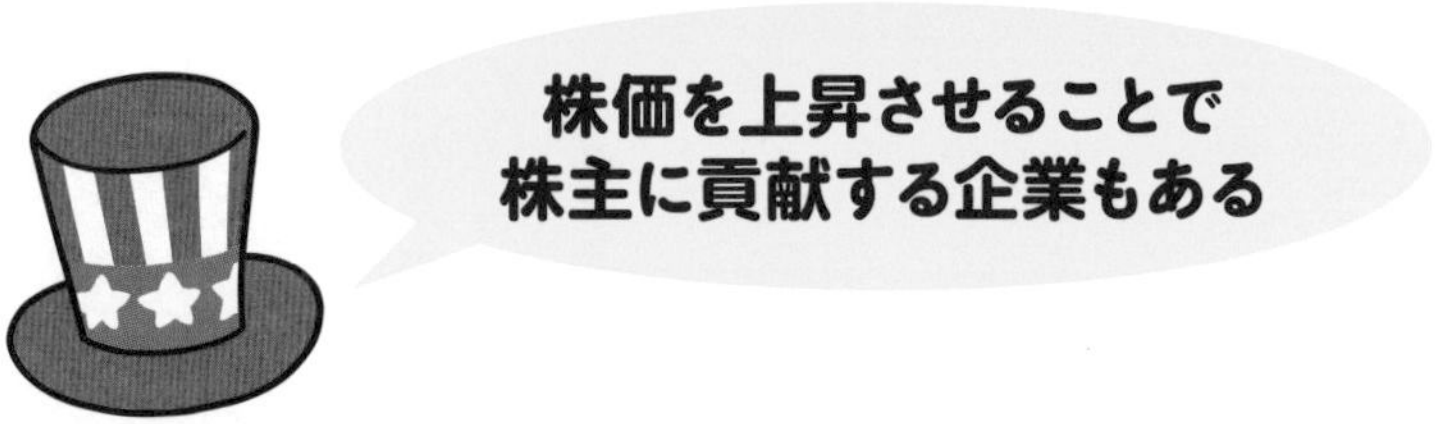

株主への還元=株価の上昇で資産を増やす
➡キャピタルゲインも狙える投資

【例】アマゾン株の場合……

amazon

配当金を出していないが、株価が10年で18倍以上!

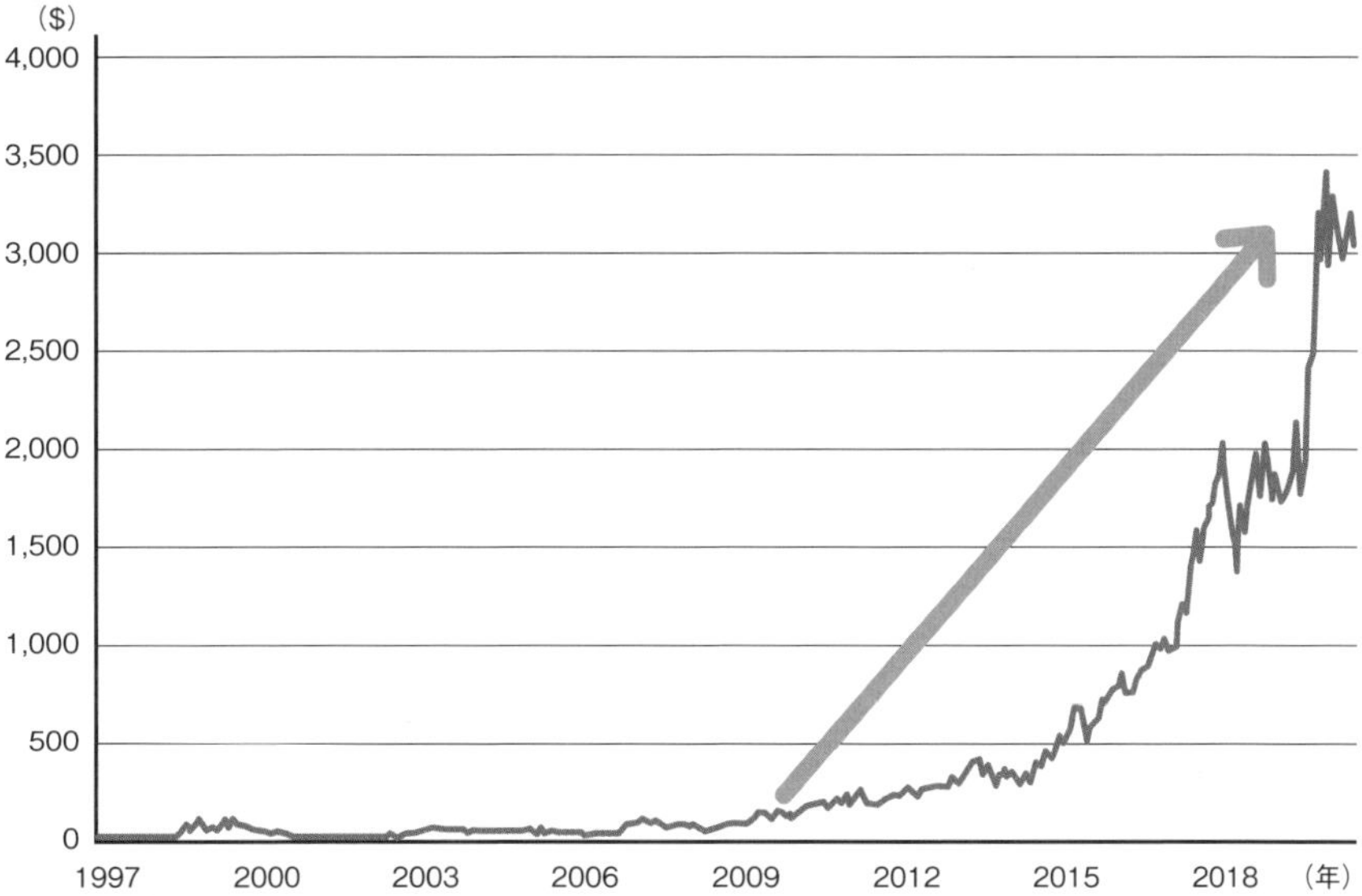

株式投資で財を成した資産家のお話

アメリカには、こうした米国株投資によって巨万の富を築いたお金持ちや資産家も数多くいます。その中で最も有名なのが**ウォーレン・バフェット**です。

1940年代、11歳で株式投資を始め、その後80年近くアメリカの株式投資で成功を続けている、米国株投資の世界で最も重要な人物です。彼が保有する銘柄は長期間にわたり成功することが多く、「**バフェット株**」と呼ばれることもあります。

実際に、彼の投資方法を真似して投資をするという人も少なくありません。

そんなバフェットが運営する会社が、「バークシャー・ハサウェイ」です。このバークシャー・ハサウェイ株はアメリカを代表する企業を集めたS&P500にも含まれており、なんとその株価は1株31万ドル（約3200万円！）まで成長しています。

アーリーリタイアも夢じゃない

彼以外にも、米国株で資産を増やし、経済的自由を得ている人は世界中にいます。

近年では**「FIRE」と呼ばれる、若い頃に経済的に成功を収めてその資金を運用し、利益で生活するというアーリーリタイアの実現を目指す動き**が流行しています。これを実現するために運用している対象としても、やはり米国株が選ばれています。

安定的な配当金、インカムゲインを株から得ることで、不労所得と経済的自由を得ようと考えている人が、昨今は非常に多くなっています。日本でも米国株で配当金生活をしているという人がどんどん増えてきていますよ。

米国株で財を成した人が数多くいる

ウォーレン・バフェット

11歳から
株式投資をスタートし、
株式投資によって
億万長者となった
米国株投資家のカリスマ

バフェットの保有する主要銘柄

- コカ・コーラ
- アップル
- バンク・オブ・アメリカ
- アメリカン・エキスプレス
- JPモルガン・チェース　等

アメリカ発のムーブメント「FIRE」とは？

**Financial Independence, Retire Earlyの略。
若いうちに株式で資産と安定収入を増やし、
経済的自由を得てアーリーリタイアを目指す動き**

米国株で資産を増やし、
その米国株からの配当金で
生活することも可能！

日本株と米国株の大きな違い

株式投資と聞いてまず想像するのは日本株だと思いますが、日本株ではなく米国株に投資をするメリットは何でしょうか。

米国株を選ぶべき4つの理由

①市場規模

米国株の市場規模は世界一です。日本も経済大国であり、市場も大きいのですが、それでも**米国株の市場規模は日本の7倍**です。

規模が大きいということは、取引が活発で、購入・売却がしやすいということになります。

②株主還元の姿勢

日本株は米国株と比べて「株価を上げて貢献する」「安定配当で貢献する」などの株主へ還元する意識が低いともいえます。

そのため、株価が低迷したままだったり、配当金額が安定しないという銘柄が数多くあります。

③株主優待の有無

米国株では、株主優待を行っている企業はほぼありません。

優待の発送にもコストがかかるので、その分を浮かせて配当金として支払ってくれた方が本来は良いのです。

④銘柄の入れ替えの頻度

米国株の株価指数には、勢いのある企業が主に組み入れられます。

衰退していく企業を株価が上昇傾向にある成長企業と入れ替えていくことで、米国株のインデックス、つまり株価の平均値は大きく成長していく仕組みです。

対して**日本株の場合、一度インデックスに組み入れられると衰退企業でも長らくそのまま残り、結果的に日経平均やTOPIXの伸びが停滞する**原因にもなっています。

米国株は規模と勢いが違う!

市場規模の違い

米国の株式市場は
日本の株式市場の7倍の規模!
世界最大の株式マーケット

➡世界中の資金が集まる場所

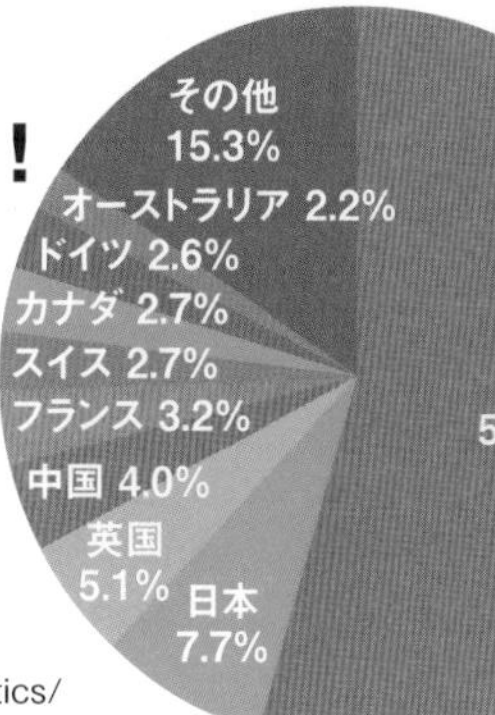

出典:https://www.statista.com/statistics/710680/global-stock-markets-by-country/

米国株は勢いのある銘柄をインデックスに組み入れている

アメリカを代表する30社で構成されるNYダウ

勢いのある成長企業・産業へと
定期的に組み替えを行っている
そのため、株価指数はより上昇していく
という仕組み

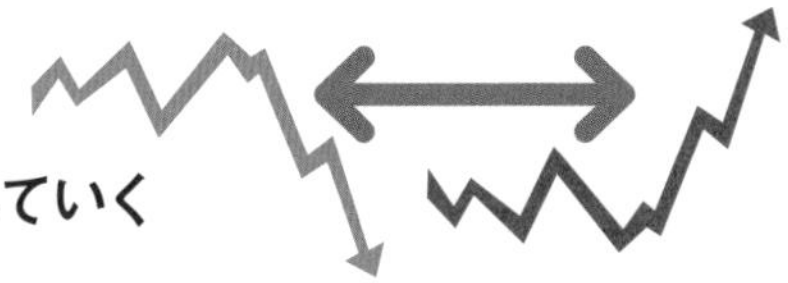

米国株では
株主優待はありません!
(日本特有の制度)

その分を配当金として
しっかり株主に還元し
ているんですね!

実はとても簡単に買える米国株

「米国株が魅力的なのはわかったけど、投資するのは難しいんじゃないの?」

そう思われるかもしれませんが、実はとても簡単です。2021年現在、米国株には以前よりも圧倒的に投資しやすい環境になっています。

まず、**1株単位からでも買える**という点です。日本では100株単位での購入が基本であり、1回の投資に数十万円、あるいは百万円以上かかるというケースもあります。対して米国株は1株単位での購入が基本で、1株数千円（数十ドル）から自由に購入することができます。

誰でもグローバル企業の株主に

購入時にかかる**手数料も年々低くなっており、取引に対する制限もかなり緩和**されました。それこそ「数千円のお金があるから、〇〇の株を買ってみようかな!」なんてことも気軽にできるようになっています。株主といっても、実のところ、誰でも簡単になることができるんです。

詳しくは次章でご紹介しますが、世界規模のグローバル企業であっても、たった数千円でその株主になり、そして配当金を受け取ることができます。

気軽に取引できる環境

近年では**スマートフォンでの気軽な取引が可能**になるなど、取引環境も整備されつつあります。

スマホアプリではネット証券大手である楽天証券が米国株に対応し、SBI証券も2020年度内に対応予定です。

気軽に投資することができるようになって、まさしく米国株投資を始めるには最適な時代ですね!

簡単に投資できる米国株

❶1株単位でも
購入できて数千円
から投資可能

❷手数料は年々低く
なっている!
日本の投資家も
ますます有利に

❸スマートフォンで
気軽に投資できる
環境ができてきた

**近年、米国株への投資が
ますますやりやすくなっている!**

英語がわからなくてもＯＫ　情報豊富な米国株

投資環境が整ってきたこともあって、米国株投資を始める人がとても増えています！　さらに、海外への投資のネックとなる「情報の不足」というハードルも、米国株についてはクリアされつつあります。

言葉の壁はどうする？

とはいえ、いざ米国株を買うとなると、「英語もわからないのに大丈夫なんだろうか……」と不安になるかもしれませんね。ですが、米国株に関してはその心配はいりません。全く英語がわからなくても、**証券会社のウェブサイトからすべて日本語で購入する**ことができます。

英語で規約を読んだり、メッセージをやり取りすることは全くありませんので安心して取引できます。

英語で覚えなければならないのは、あくまで投資する対象の銘柄の名前と、**ティッカー**と呼ばれるアルファベットの証券コードぐらいです。

ＳＮＳでも日本語の情報が豊富

また、**日本語での銘柄情報もとても豊富**です。日本人の米国株投資家が増えていることで、ブログやツイッター、ＹｏｕＴｕｂｅなど、いろいろなメディアで米国株の情報が盛んにやり取りされるようになりました。

試しに企業の銘柄の名前で検索してみれば、株価や配当金、企業の業績などなど、投資をするうえで知っておきたい情報がたくさん日本語で公開されています。

そして、本書のような米国株についての書籍も増え、ぼく自身もＹｏｕＴｕｂｅチャンネルで米国株の情報を日本語で発信しています。ぜひチェックしてみてください！

英語がわからなくても米国株投資はできる

英語がわからないけど、
米国株に投資しても
大丈夫……？

米国株の取引は……

基本、日本語の証券会社のウェブサイトを使って取引。
英語での操作画面は一切なし！

情報収集は……

日本語での銘柄情報も豊富。
日本人の米国株投資家同士による情報交換も
かなり活発！

筆者の
YouTubeチャンネル
「なまけものチャンネル」でも
米国株の情報を日本語で
お伝えしています！
http://bit.ly/namakemonoYT

超ど素人がはじめる米国株［目次］

巻頭特集

米国株投資を始めよう！

第1章 なぜ米国株なのか？ 4つの特徴

第2章 米国株に投資するための方法とルール

第3章 便利なETFを活用しよう

第4章

米国株・個別株投資のススメ

第5章 投資信託で米国株を買おう

第6章 怠け者流・米国株投資術

はじめに

一時期、老後を過ごすためには2000万円の貯蓄が必要、という試算が話題になりました。また、2020年から流行した新型コロナウイルスの影響により、収入が途絶えて困っている人が続出しています。

2021年はいまだかつてないほど、自分のための備え、そして安定的な収入源が必要になってきています。

まとまった貯蓄があれば老後に対する不安は解消されるし、お仕事とは別に定期的に収入が入ってくることも、さらなる安定につながります。この貯蓄と備え、安定的な収入源を実現する方法はやはり「投資」です。

このような状況の反面、実は今までにないほど、投資のハードルは下がっています。

本書のテーマである米国株、アメリカの企業への投資は、かつてないほど簡単にできるようになっています。今や日本人なら文字どおり誰でも米国株を購入してグローバル企業の株主となって、そして安定的な配当金をもらうことができるのです。

それこそ、生活費のすべてを配当金でまかなう「配当金生活」も夢ではありません！

本書は毎日トレードしながら利益を出し続ける「難しい株式投資」については一切取り上げません。

基本は米国株を購入して長期保有、そして配当金をもらいながら資産額も増やしていくという、いわば「ほったらかし投資」に近い形で、誰でも稼げる投資方法をご紹介しています。

多くの人にとって、大事なことは投資そのものではなく、投資によって備えや安定収入を得ることのはずです。

なぜ米国株に投資をしておけばほったらかしの状態で、安定収入が得られるようになるのか、その魅力と具体的方法を紹介していきます！

CHAPTER 1

第1章

なぜ米国株なのか？4つの特徴

01 特徴① 世界最大規模の投資市場

　第1章では、米国株の特徴と投資するメリットについてより詳しくご紹介していきますね。

　米国株最大の特徴は、その市場規模にあります。そこで動くお金も、その成長率も、米国株が世界一です。

　これだけ規模が大きくても、**米国株の上場には厳しい基準があり、上場銘柄のほとんどはその厳しい基準をクリアした優良企業**です。

GDPと株式市場の規模は別

　1つ覚えておきたいのは、**国のGDP（経済規模）と、株式市場の規模は必ずしもリンクしない**、という点です。

　左ページに各国のGDPと株式市場の時価総額の比率をまとめました。アメリカのGDPは世界の25％ほどですが、株式市場は世界全体の約55％、半分以上を占めています。

　中国の場合、GDPは世界第2位の17％ですが、株式市場は4％ほどで米国の約14分の1と、経済規模とリンクしていないことがわかります。

効率が良いのは米国株投資

　米国株の市場が世界最大であり投資が集中する理由は、**「米国株への投資が最も効率が良い」と世界中から判断されている**からです。

　資金が集中するからこそ、株価が上がり、配当金額も増え、さらに資金が増えていく好循環が起きています。

　本来、株式投資は誰かが得をすれば誰かが損をするという「ゼロサムゲーム」ではなく、参加者全体が株価上昇と配当金の形で利益を得られるものです。

　この効果が最も現れるのが、米国株なのです。

米国株市場は世界最大!

各国GDP比率

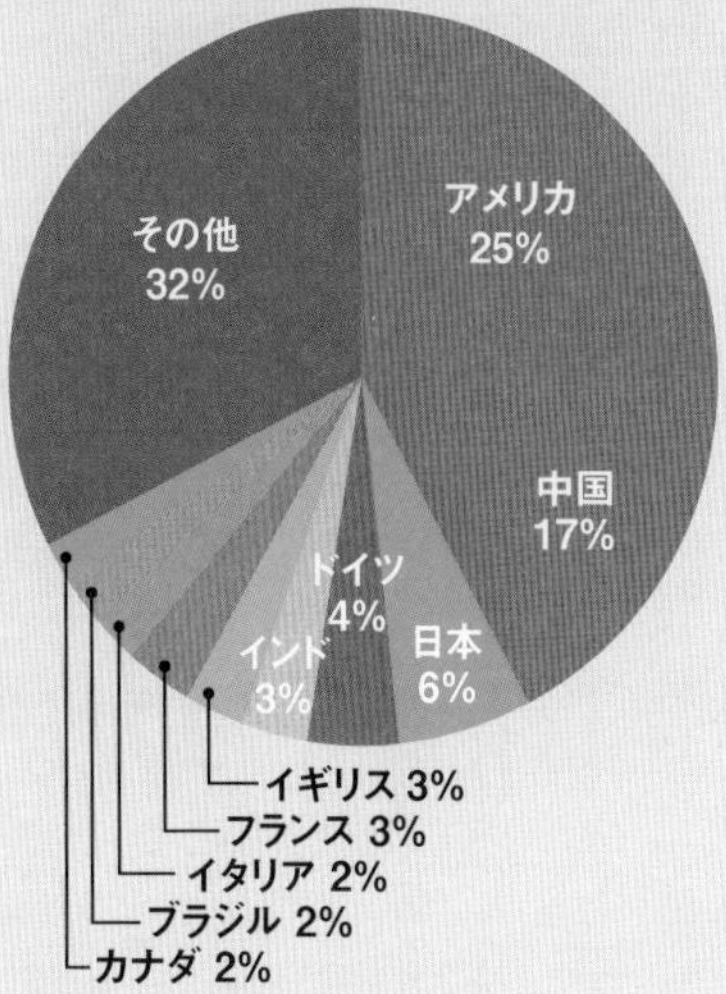

出典:世界銀行

各国の株式市場シェア

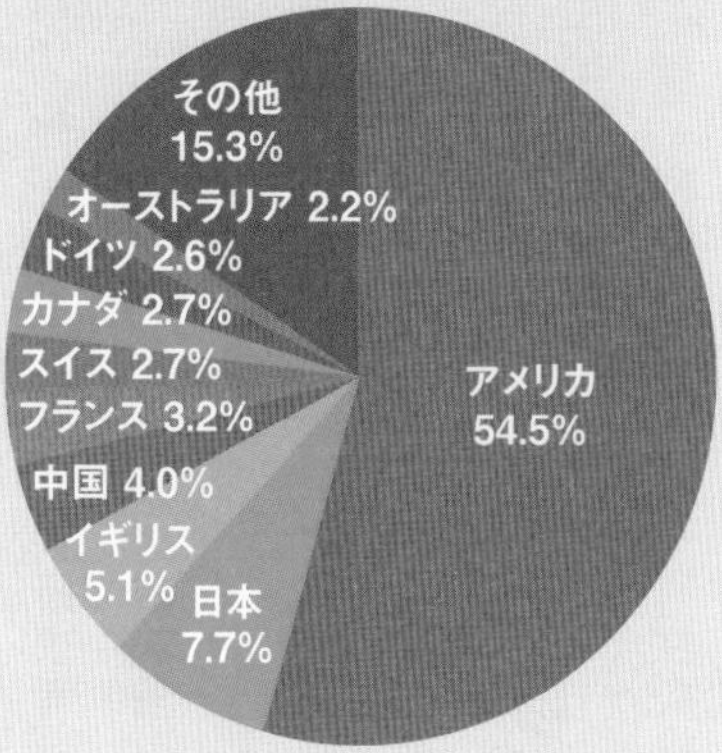

出典:https://www.statista.com/statistics/710680/global-stock-markets-by-country/

米国株に資金が集まる理由!

❶企業の決算や上場ルールの透明性が高い
❷世界規模で活躍する企業が多い
☞結果的に、米国株に世界中の資金が集まる!

Point

GDPの規模=株式市場の規模
ではないことに注目

02 特徴② 不景気も乗り越えてきた底力

米国株の強さは、不景気や景気後退を乗り越えて成長してきた力強さにあります。過去20年間で、株価に影響を与えた大きな景気後退は2回ありました。

①**ドットコムバブル**（2000～02年頃）
②**リーマンショック**（2008～09年頃）

ドットコムバブルは、1990年代後半に広まったインターネットやテクノロジーを活用する企業への過剰投資により、株価が高騰したアメリカ発のバブルです。インターネットと関係なくても社名に「ドットコム」と付け加えれば株価が2倍にもなりましたが、その後バブルは弾け、平均株価は大きく下落しました。

リーマンショックはアメリカの低所得者層向け住宅ローンを組み入れた証券化商品の価格下落が発端の世界的な経済危機で、金融機関が破綻して世界中の株価が下がったという大きな事件です。

米国株は立ち直りが早い

株式はこうした経済危機の影響を受け、しばしば大きく下落します。これはどの国も同じですが、**その中でもいち早く復活し、過去最高値を再び更新するのが米国株**です。

アメリカの平均株価であるNYダウを見てみると、2009年には当時の最高値から54%も下落してしまった株価はその後上昇に転じ、2013年には再び過去最高値を更新しました。そして2020年には初めて3万ドルを突破するなど、右肩上がりの上昇を遂げました。

過去何度も経済危機を乗り越えてきた実績が、米国株投資が優れていることを表しています。

過去、何度も不景気を乗り越えてきた

NYダウの推移と2度の大きな景気後退

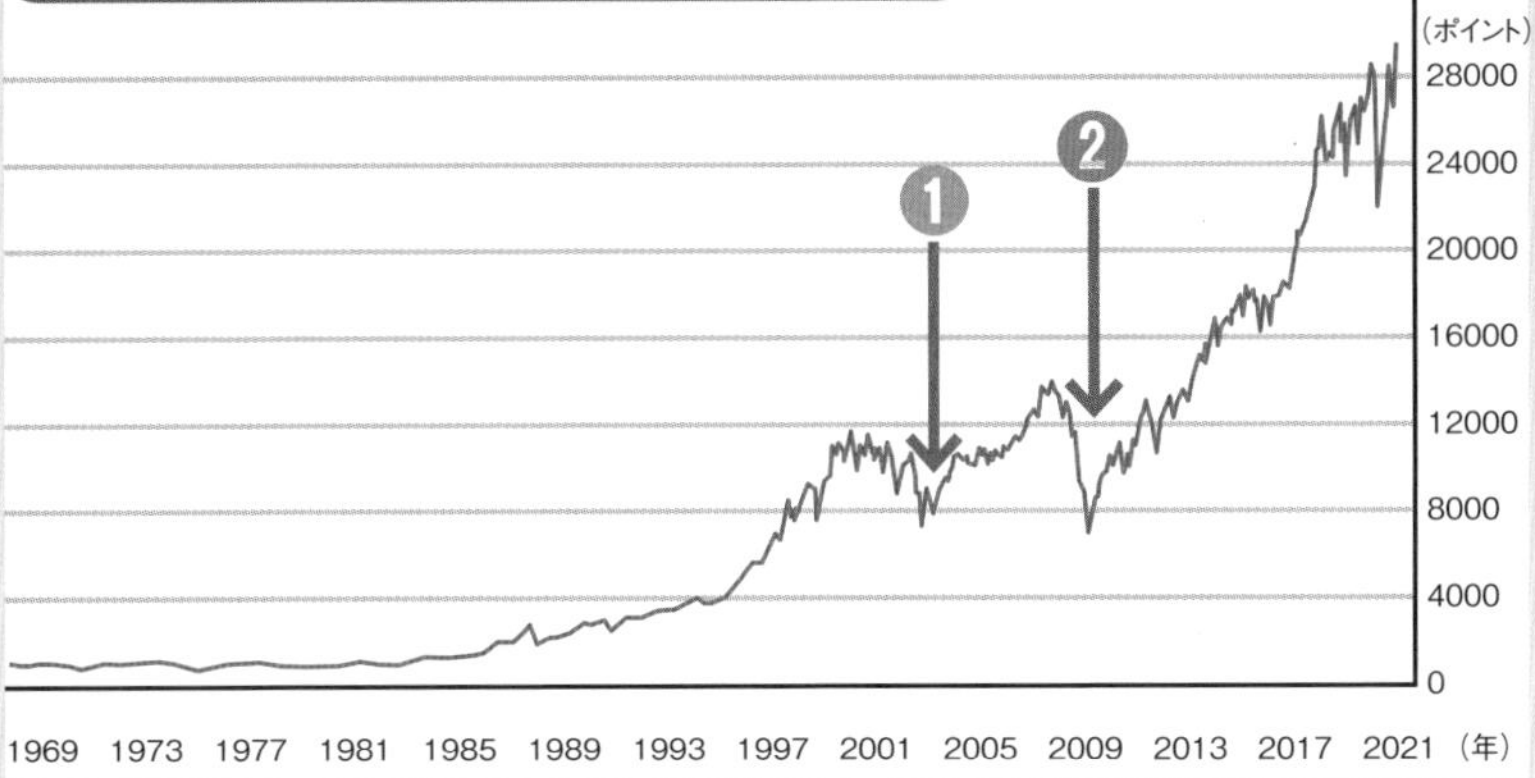

❶ドットコムバブル

インターネットを活用したIT企業への投資が活発化
➡ドットコムと名前を付けるだけで株価が上がるという過熱ぶり
➡2000年にバブル崩壊

❷リーマンショック

アメリカの低所得者向け住宅ローンを証券化した商品が暴落
➡その商品を持っていた世界中の金融機関が大損・破綻
➡影響が全世界に拡大し、世界的な株価暴落へ

しかし、米国株は他国と比べても
最速で平均株価を回復、
その後さらなる成長を続けてきた！

Point

今後暴落したとしても、
乗り越えて成長すると期待できる

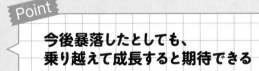

03 特徴③ 世界各国の成長を取り込める

世界全体の経済は、年平均４％ずつ成長しているとされています。つまり、**世界全体の株式市場に分散投資をすれば、毎年４％ずつ、安定的に成長の恩恵を受けられる**はずです。

しかし、本章1項でお話ししたように、経済成長と株価の成長は必ずしもリンクしていないのが実情です。世界全体の成長を取り込むにはどうしたら良いか……というところですが、ここでも米国株は有効に働きます。

アメリカにはグローバル企業が多く存在します。これらの企業はアメリカ本土以外にも、日本を含む先進国から新興国まで、幅広く事業を展開しています。

実は、**新興国の株式市場に直接投資するよりも、これらアメリカのグローバル企業に投資をする方が、効率良く新興国の成長を取り込み、投資で儲けることが可能**なのです。

アメリカも世界全体も人口増

また、投資家が注目するポイントの1つに、「人口動態」があります。人口が増えていれば、経済成長が続くと見込めるという考え方です。

日本を含め多くの先進国は人口減少に悩まされていますが、アメリカは人口増加国です。そして、**世界全体も継続的に人口増加する予測となっているので、世界全体をターゲットにした企業は、この点でも安定的な成長の恩恵を受けられるだろう**と予測できます。

つまり、グローバルに展開する米国企業は、**「人口増加の米国内＋人口増加の世界全体」の両輪**でビジネスができるので、さらに大きく事業を拡大できるだろう、というわけです。

世界の成長をも取り込める米国株市場

世界全体は年平均４％ずつ経済成長

しかし、各国の株式市場が必ずしも
同じように成長するとは限らない……

☞**世界規模で事業を展開する**
米国企業に投資することで、
効率良く世界へ投資できる

米国の人口増加 ＋ **世界の人口増加**

世界の人口増加予測

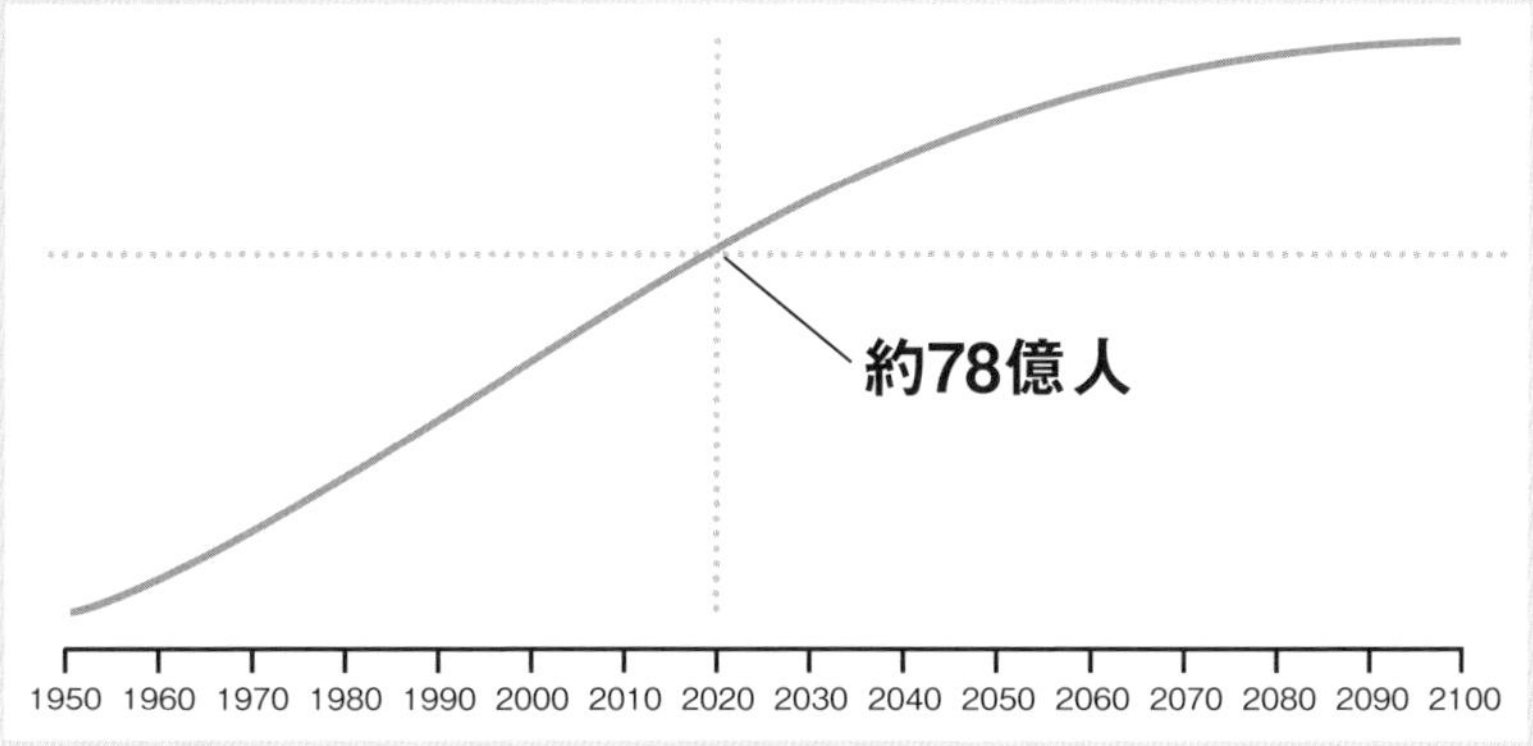

Point

すでに大きく成長している
先進国の企業は、
まだまだ成長の余地がある！

04 特徴④ 安定収入の味方、連続増配

米国企業は基本的に年4回、株主に配当金収入をもたらしてくれます。しかし、安定的に支払われなかったとしたらどうでしょう?

例えば3月は配当金がたくさん支払われたけれど、6月は決算の数字が悪かったので配当金が一気にゼロ……なんて不安定な支払い方をされては、「安定収入」として頼れませんよね。配当金のインカムゲインを狙うのであれば、安定配当しているかどうかは欠かせないポイントです。

巻頭特集でもお話ししましたが、アメリカには、数十年にわたって安定配当を行っている企業が数多く存在します。しかも、安定配当だけでなく、毎年金額を増やしている企業も存在するのです。

こうした企業を「**連続増配銘柄**」と呼びます。連続増配銘柄の株を保有していれば、自然と毎年もらえる配当金額が増えていきます。これは、長期投資家にとって最強のアドバンテージです。

2020年時点で、**連続増配を20年以上継続している企業はなんと166社**もあります。20年以上ということは、過去の景気後退、つまりドットコムバブルやリーマンショックの厳しい状況でも、株主への還元を優先し、安定配当を続けてきた実績があるということですね。

連続増配銘柄は、決算結果によって簡単に配当金の金額を減らしたり、停止したりしません。なぜなら、**株主は連続増配を期待して自社の株式を購入・保有してくれているので、それが止まってしまうと株価は間違いなく急落してしまう**からです。

ぼくはこの実績があるからこそ、個別の銘柄を選ぶ時は連続増配銘柄に絞って投資をしています。

連続増配銘柄に投資して不労所得を得よう

連続増配銘柄とは…

- 毎年、配当金を安定的に支払い続けている企業
- 毎年、必ず配当金を増やしている企業

☞インカムゲイン狙いの投資先として最適

連続増配の例

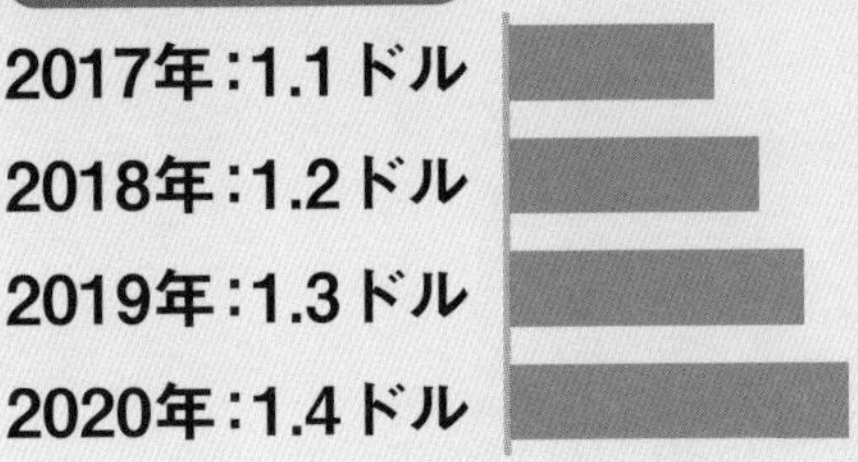

連続増配20年以上の米国企業

（日本ではたった6社！）

Point

連続増配銘柄に投資することで
安定収入が得られるようになる

05 米国株・連続増配銘柄ランキングTOP25

さて、本項では、米国株の連続増配年数トップ25の銘柄をご紹介します。

これらはすべて安定企業であり、長年にわたって事業を展開し、配当金を支払い続けるための固い基盤を持った企業ばかりです。

その特性上、古くからアメリカの経済を支えてきた**電力などのインフラ企業や、製造業、食品などの一般消費財の企業が多く見られます。**

P&Gは64年連続増配

見慣れない名前の企業も多いかと思いますが、日本で有名な企業もランクインしていますね。例えば64年連続増配のP&G、62年連続のスリーエム、58年連続のコカ・コーラ……といった具合です。

これらの企業は、この増配年数以上の長い期間にわたって運営されている老舗企業であり、経営も安定しています。

株式投資というと、成長目覚ましい企業を探して儲ける……というイメージも強いですが、米国株では必ずしもそんなことはありません。**事業基盤のしっかりした連続増配銘柄に投資するだけでも、安定的にインカムゲインを稼いでいくことができます。**（そしてもちろん、株価も長期的に見ると上昇しているので、キャピタルゲインも得られますよ！）

トップ25に入っていなくても、数十年にわたって連続増配を続けている企業が多く存在します。

中には連続増配を続けつつも、高利回りの配当金を支払っている企業もあります。

ランキングの詳細については、「米国株　連続増配銘柄」で検索してみてください！

米国株・連続増配銘柄ランキング

順位	銘柄名	連続増配年数	業種
1	アメリカン・ステイツ・ウォーター	65	水道事業
2	ドーバー・コーポレーション	64	冷凍庫などの工業製品
2	ジェニュイン・パーツ	64	自動車部品などの工業製品
2	ノースウェスト・ナチュラル・ガス	64	ガス事業
2	プロクター・アンド・ギャンブル（P&G）	64	日用品
6	エマソン・エレクトリック	63	電子部品などの製造業
6	パーカー・ハネフィン	63	工業製品
8	スリーエム（3M）	62	化学・素材メーカー
9	シンシナティ・ファイナンシャル	60	保険業
10	ジョンソン・エンド・ジョンソン（J&J）	58	ヘルスケア製品
10	コカ・コーラ カンパニー	58	飲料メーカー
12	コルゲート・パルモリブ	57	生活必需品メーカー
12	ファーマーズ＆マーチャンツ・バンコープ	57	銀行業
12	ランカスター・コロニー	57	食料品
12	ロウズ・カンパニーズ	57	ホームセンター
16	ノードソン	56	接着・コーティング関連機器
17	ABMインダストリーズ	53	建築物の施設管理サービス
17	カリフォルニア・ウォーター・サービス	53	水道事業
17	ホーメル・フーズ	53	食料品
17	SJW	53	水道事業
17	ターゲット	53	小売業
22	コマース・バンクシェアーズ	52	銀行業
22	ステパン	52	化学・素材メーカー
22	スタンレー ブラック・アンド・デッカー	52	工具メーカー
22	トゥッティーロール・インダストリーズ	52	お菓子などの食料品

※2020年11月時点

インフラや製造業、食品などの老舗企業が多い!

Point

日本では無名だけれど、
アメリカ国内に根ざした企業も
増配を続けている

06 覚えておきたいリスクの話

メリットが多い米国株への投資ですが、当然リスクもあります。大事な資金を投じるので、米国株にかかるリスクもしっかりと把握していきましょう！

米国株投資の4つのリスク

①価格変動リスク

株はマーケットが開いていると1秒単位で価格が変動します。購入した株の価格が上昇するだけではなく、逆に下落して資産価値が目減りしてしまう「価格変動リスク」もあるのです。

②為替リスク

米国株はUSドル建ての資産なので、日本円ではなく**USドル建てで資産を持つ**ことになります。

米国株を購入後、USドルの価値が下がった場合（円高・ドル安）、日本円としては資産価値が下落することになりますが、これを「為替リスク」と呼びます。

③カントリーリスク

これは投資対象国特有のリスクのことです。社会情勢の混乱や自然災害で経済が停滞した場合、その国の株価が大きく下がることがあります。

アメリカの場合は、一部の新興国のように株式投資の制度の透明度が低いというリスクはありませんが、**政策で投資環境が変わる可能性**はあります。

④景気後退リスク

米国株のリスクでは、「景気後退」が一番大きいと思われます。経済規模が世界一であるアメリカ発の景気後退は、株価に大きく影響を与えるため、米国株の購入直後に景気後退が起きたら、株価と資産価値が一時的に大きく下がってしまうことを考慮しておかなければいけません。

米国株にまつわるリスク

❶価格変動リスク

購入後に何らかの理由で株の価格が
変動する可能性のこと

➡下落する場合もあるが、
上昇する可能性ももちろんある！

重要度 **中**

❷為替リスク

USドルと日本円のレートが変わることに
よって、株式の価値が変動するリスク

➡タイミングによっては
日本円としての資産価値が下がることも

重要度 **中**

❸カントリーリスク

その国特有の事情によって株価や投資環境が
影響を受けるリスク

➡戦争、投資ルールの変更など

重要度 **低**

❹景気後退リスク

バブルの崩壊や大国同士の対立、感染症による
経済活動停止などで不景気に陥ることによる
株価下落のリスク

➡米国経済が停滞すると、
世界に影響する

重要度 **高**

Point

リスクを把握したうえで、
自分の資金を投じていこう！

07 為替リスクは「基軸通貨の目線」で考える

ここで、為替リスクに対する考え方について触れておきます。

例えば米国株を購入後、「円安・ドル高」になるとUSドル建てである米国株の1株あたりの価値も上がるため、資産価値も上がります（**為替差益**）。

逆に「円高・ドル安」になると、USドル建て資産は価値が目減りするので、資産価値は下がります（**為替差損**）。

海外資産に投資するということは、常に変動する為替レートによって価値が変動することでもあります。

ドルも円も安定通貨

しかしぼくは、米国株に投資するうえで、為替レートの変動はそれほど気にしなくて良いと考えています。その理由は、**日本円・USドルともに世界的な主要通貨であり、為替レートが安定している**からです。

USドルは世界中の取引で使われる基軸通貨であり、世界で最も利用され、安定的な需要があります。日本円も世界的に見て安全通貨とされています。

USドル・日本円は多少変動したとしても、自民党政権になってから約8年、１ドル＝90～１３０円の水準に収まっているので、米国株が為替レートの変動によって暴落するということはほとんどありえません。

これが新興国株だと、**新興国通貨は長期で見ると「円高・通貨安」になる傾向が強い**ため、為替差損が出る可能性がとても高くなります。それこそ10年間で価値が4分の1になっている新興国通貨もあります。

一般的に為替リスクは、新興国株式での通貨安による価値の目減りによるものと考えておけばＯＫです。

為替リスクとどう付き合っていく？

為替レートによる影響

円安・ドル高になると……

日本円の価値は下がる
米国株の価値は上がる

➡仕込んだ株で儲かる

円高・ドル安になると……

日本円の価値は上がる
米国株の価値は下がる

➡絶好の仕込み時

日本円とUSドルは
深い結びつきがあり、
極端な値上がりも暴落も起きづらいため
それほど気にしなくても良いと思う

過去8年ほど1ドル＝90～130円以内で推移。
他国の通貨レートと比べるとはるかに安定

Point

米国株投資に関しては、それほど為替レートは気にしなくていい。ただし新興国株では為替レートが損益に大きな影響を与える

08 為替レートと米国株への影響

為替リスクの話に関連して、為替レートと株価の関係を見ておきます。

為替レートの変動は日本円から見た米国株の資産価値にも影響を与えますが、**ドル安・ドル高そのものが株価に影響を与える**こともあります。

まずＵＳドルが安くなると、米国株の株価は上がりやすくなります。なぜなら、**米国企業に輸出企業が多いから**です。

平均株価の大部分を占める巨大なグローバル企業は、当然海外でも事業を行う輸出企業となります。ＵＳドルが安くなればなるほど、輸出によって自国で得られるＵＳドルの金額が大きくなり、結果的に好決算となる確率が高まります。

また、対外的に見てＵＳドルに対し海外の通貨の価値が高くなるので、国外の顧客がアメリカの商品やサービスを購入しやすくなる、つまり価格競争力が高くなります。

例えば１００ドルの商品を、日本円が１２０円（ドル高傾向）の時に買うと１万２０００円かかりますが、日本円が１００円（ドル安傾向）の時に買うと１万円となり、米国企業の商品が買いやすくなります。こうして「ドル安→競争力が高まる→決算の結果が良くなる可能性が高まる→株を買う→株価上昇」という図式が出てくるわけですね。

ドル安で恩恵を受ける業界は？

これらの動きはモノやサービスを輸出する企業に多く、米国企業だと**テクノロジー、工業、エネルギー、生活必需品など**の業界はドル安がプラスに働きます。日本株でも、円安になると株価が上昇するといわれますが、これも日本企業に輸出企業が多いということを示しています。

為替レートが株価に与える影響

USドル安になると……

- 価格競争力が高まる
- 外貨に対して得られるUSドルが多くなる

➡好決算となる確率が高まる

USドル高になると……

- 価格競争力が弱まる
- 外貨に対して得られるUSドルが少なくなる

➡決算にマイナス影響を与える確率が高まる

USドル安で好影響を受ける業種

- テクノロジー（サービス輸出が増加）
- 工業製品（製品の輸出が増加）
- エネルギー（ドル安➡原油価格上昇）
- 生活必需品（商品の輸出が増加）

Point

アメリカを代表するグローバル企業は、海外に商品を販売する輸出企業が多い

09 政治的な混乱と株価への影響

ここでは米国株のカントリーリスクについて少し詳しく見ていきます。

米国株投資では、政治的な混乱もまた、株価に大きな影響をもたらす要素です。アメリカが世界に与える影響度は高く、同国内の政治が混乱すると、株価に影響を与えます。

本来は国単体のカントリーリスクですが、アメリカの経済力が大きすぎて、世界中の経済と株価に影響が出てしまうわけですね。

特に影響が大きいのは、**アメリカと対立する国家との関係悪化**です。

アメリカと対立関係にあり、株価にも影響を与える国としては、**中国、ロシア、イラン**が挙げられます。近年では、２０１８年から始まった米中貿易摩擦によって、株価が3カ月でマイナス20％まで下落するという事態も起きました。

特に中国は経済力が大きいため、この2国間での貿易が停滞する影響はとても大きく、その懸念が株価に大きく反映されました。米中の対立については今後も注目されます。

市場が嫌うのは不透明感

こうした動きはニュースでも多く取り上げられているので、米国株に投資するのであれば国際ニュースにも注目しておくようにしましょう。

株式市場は今後どうなるか予測できない「不透明感」を嫌います。対立や政治的混乱が起き、その国や経済が今後どうなるかわからなくなると、最悪の事態に陥るリスクを回避するために、投資家が株を手放す→株価が下落する、という動きがよく起きます。

そして対立が沈静化してくると、次第に株価が回復してくる……という動きにもつながっていきます。

政治的な混乱が株価に与える影響

アメリカの株価に
大きな影響を与えるのは
政治的な対立による
経済の先行きに対する
不透明感！

輸出・輸入でもつながっている大国同士の対立は
株価にも大きな影響を与える！

アメリカと対立する大国

2018年末
米中貿易摩擦で
株価が大きく下落
➡対立による
経済停滞を懸念

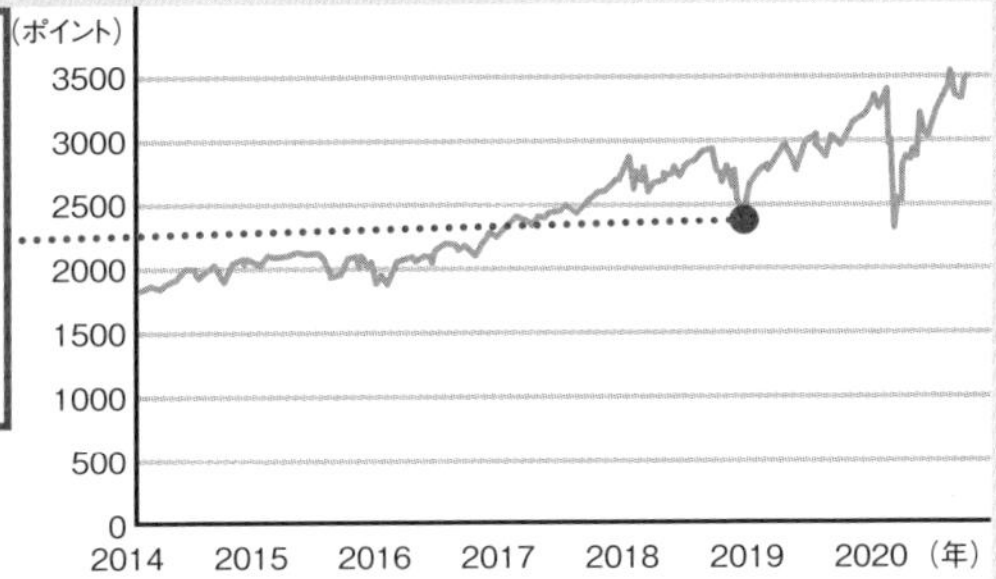

Point

大国同士の対立は影響が大きい。
ニュースでも大きく取り上げられるので
必ずチェックしよう

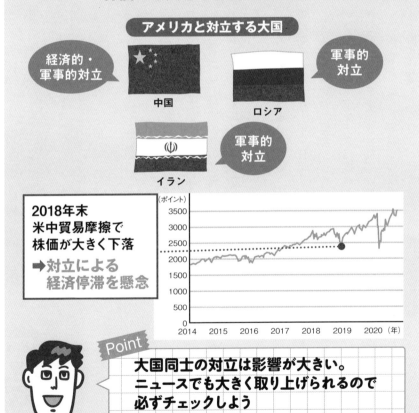

10 米国株は長期投資でリスクを軽減できる

米国株に投資する際のリスクについて見てきましたが、実際にはどの程度気にするべきなのでしょうか。

価格変動や景気後退など、短期的な下落のリスクについては、長期投資でかなり軽減できます。

米国株は短期的な下落と、その後の回復を繰り返し、長期的に株価を伸ばしてきた実績があります。

だからこそ、資産の増減幅が短期投資では大きいものの、長期投資になるにつれて小さくなります。

米国株が長期投資に向いているのは、こうしたところにあるのです。

15年以上投資すればプラスに

投資が長期になればなるほど下落リスクが下がるという研究結果を示しているのが、**株式投資の名著『ウォール街のランダム・ウォーカー』**です。

この本では、Ｓ＆Ｐ５００への投資期間をそれぞれ1年・5年・10年と区切って投資した場合、どれぐらいプラスまたはマイナスに振れるのかというデータが紹介されています。

これによると、1年間しか投資しない場合、53%プラスになる可能性もあれば、37%のマイナスになる可能性もあり、リスクが高いことが示されています。

これが長期投資となると、リターンがマイナスになる可能性が低くなり、15年以上投資した場合は高確率で10%以上プラスという高リターンになっています。

つまり、**15年以上投資していれば、どのタイミングで投資を始めていてもプラスになる**というわけです。

これは、「長期投資なら誰もが稼ぐことができる」ということを示す調査結果です。

長期投資でリスクを軽減できる

● 株式投資の投資期間と年平均リターンのちらばり方（1950〜2017年）

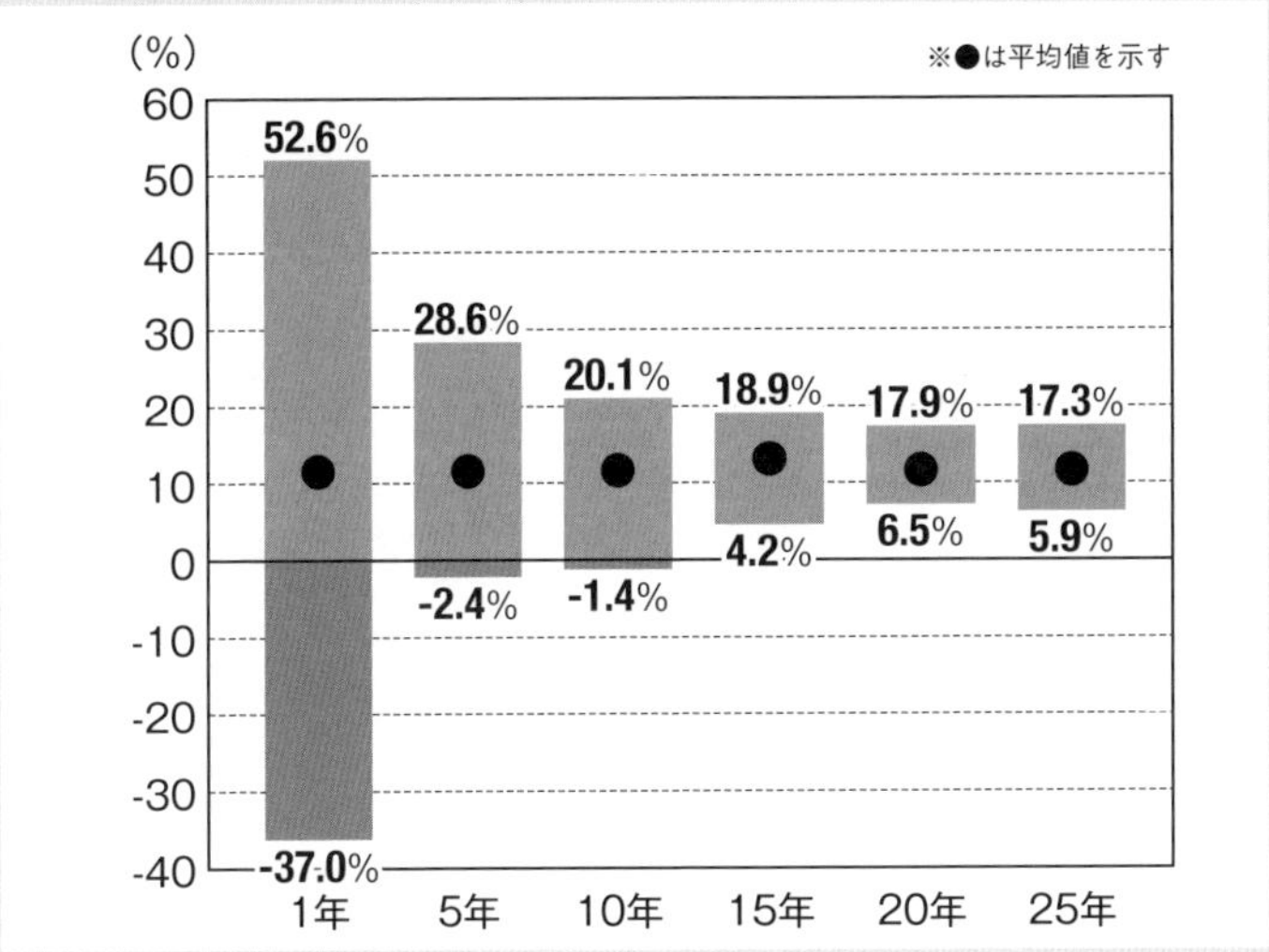

出典：バートン・マルキール『ウォール街のランダム・ウォーカー』（日本経済新聞出版）

- **1年間の投資の場合……** 最高：52.6%のプラス ⬆ 最低：37.0%マイナス ⬇
- **5年間の投資の場合……** 最高：28.6%のプラス ⬆ 最低：2.4%マイナス ⬇
- **15年間の投資の場合……** 最高：18.9%のプラス ⬆ 最低：4.2%のプラス ⬆

歴史的に見て、
「米国株へ15年以上の長期投資」を続けた場合、
年平均リターンがマイナスになる可能性は極めて低い！

Point

これから長く投資できる人こそ、
長期の株式投資で確実に稼げる！

COLUMN

大きく経済成長する新興国株は？

企業・経済が成長することで株価も成長するという前提があるのであれば、すでに大きく経済成長している先進国よりも、新興国の株式市場に投資する方が、大きなリターンを得られそうな気がしますよね。

ですが、実際のところは、その考えで新興国株式に投資しても、必ずしも大きなリターンを得られるとは限りません。

すでに簡単に述べてきましたが、その理由は2つあります。

①経済成長と株価の成長がリンクしていない
②通貨安の影響で、利益が目減りする

多いのは、GDPの成長と株価がリンクしていない、経済成長しても株価に反映されているわけではないというケースです。

例えばASEAN諸国はこの20年間でほぼすべての国がGDPを大きく成長させていますが、各国平均の株価指数を見ると、途中で成長が止まって数年横ばい状態、という国も珍しくありません。国全体で見ると確実に経済成長していても、それが株式に反映されるとは必ずしも言い切れないのが新興国です。そもそも、その国の経済を牽引してきた企業が上場していない場合もありますし、利益が必ずしも株主に還元されず、企業や政府の関係者だけが恩恵を受けていることもあります。

また、新興国通貨は円高・通貨安になりやすい傾向があります。これは、金利が高い通貨やインフレ率が高い国の通貨は通貨安になりやすいという法則があるためです。株価の上昇よりも通貨の下落によるマイナス、つまり為替差損が大きくなりやすいリスクがあり、単純に株価上昇＝リターンが高いとは考えられないのです。

CHAPTER 2

第2章

米国株に投資するための方法とルール

01 米国株に投資する方法①
証券会社の口座開設

この章では、実際に米国株に投資するための具体的な手順と、米国株投資にまつわるルールについてご紹介したいと思います。米国株投資の具体的なイメージがより明確につかめるはずです。

まず、米国株に投資するには、**証券会社の取引口座と、外国証券の取引口座**が必要となります。取引口座とは、銀行口座に近いもので、この口座を開設して投資資金を預け入れ、そこで米国株を購入・保有するという流れになります。

「株式」といっても現在では株券として渡されることはなく、あくまで口座内での数字、1株、2株という形で保有します。

証券口座の開設は無料です。口座維持費のような費用を取る証券会社はほぼありません。

ネット証券の3つのメリット

基本的に、米国株投資をする場合は**ネット証券口座で取引をするのがベスト**です。

理由としては、**コストの安さと取引の自由さ、取引可能な銘柄数の3つ**があります。実店舗を多く構えていたり、対面販売を行う証券会社の場合、購入にかかるコストが大きくなります。ちなみに米国株は、購入時と売却時にそれぞれ手数料がかかる仕組みです。

手数料をいかに抑えるか

投資をするうえでは、この手数料をいかに抑えるかが重要です。投資のリターンは100%保証されていませんが、手数料は100%かかります。手数料で引かれた分は利益で取り戻さないといけないので、手数料は低い方が確実に有利なのです。

証券会社の口座を開設しよう!

証券会社の口座の仕組み

銀行でいう預金口座のようなもの。
ここに入金した資金で
株式を注文する

株式は証券会社内で
保有することになる

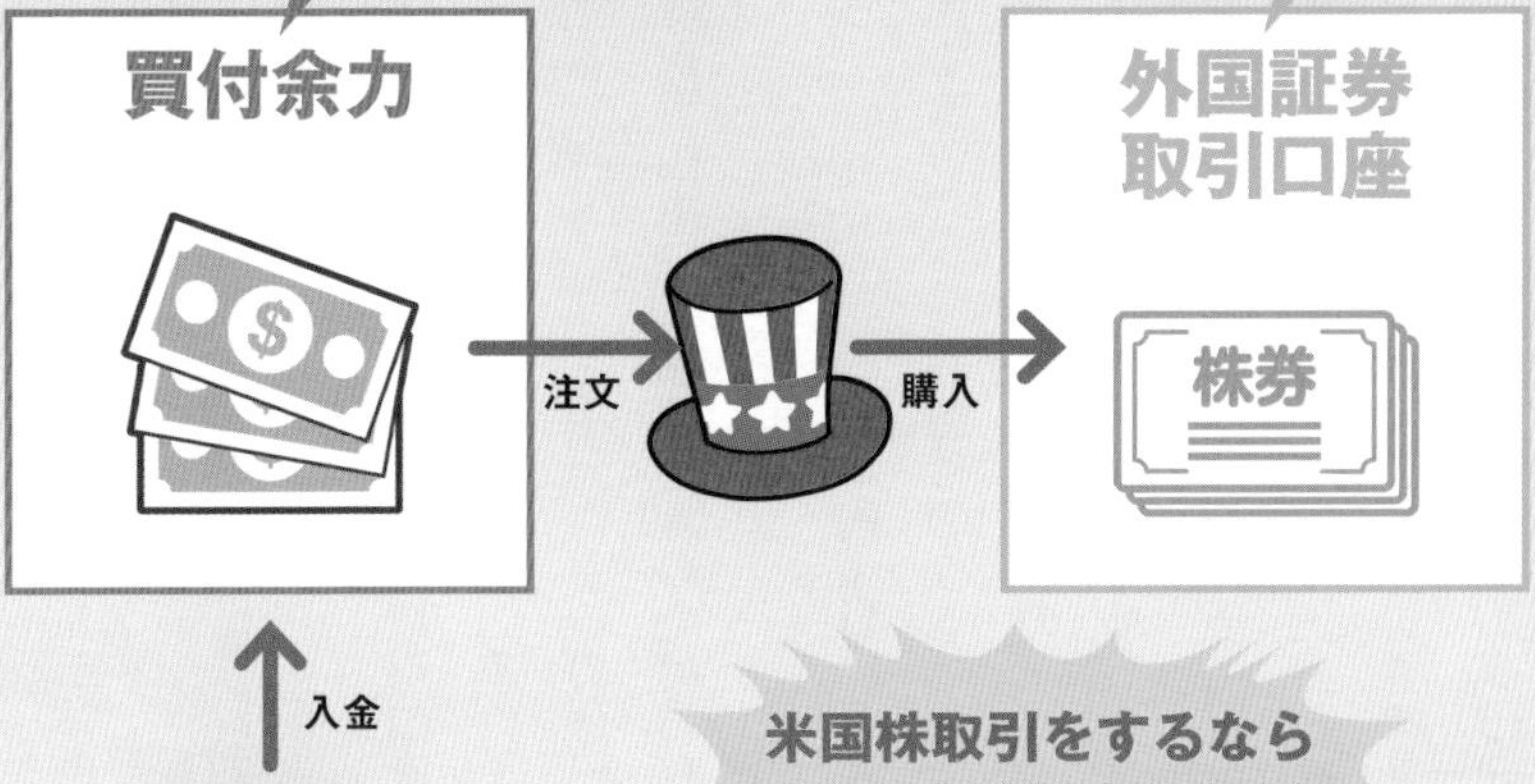

米国株取引をするなら
「ネット証券会社」が
オススメ！

ネット証券会社のメリット

❶手数料が最安
❷ウェブ画面から自由に取引可能
❸取引可能な銘柄が多い

手数料を
抑えることが
リターンの
最大化に
つながる

Point

お金の管理から投資まで、すべてウェブ画面上で完結する、ネット証券を使って投資をするのがオススメ

02 米国株に投資する方法②　実際に購入する際の流れ

さて、米国株購入の全体の流れは、次のとおりです。

①証券会社に口座を開設する
②その証券会社で外国証券取引口座を開設する
③資金を日本円で入金する
④日本円をUSドルに交換する
⑤そのUSドルで米国株を購入する

①〜②は、前項でご紹介したとおりですね。口座開設にはマイナンバーが必要なので、番号を確認してから申請しましょう。通常、**申請してから口座が使えるようになるまでは1〜2週間**かかります。

外国証券取引口座が開設できたら、投資資金を口座に入金しますが、まだ手元にあるのは日本円なので、**米国株購入のためにUSドルに交換**しましょう。

日本円→USドルへの両替も、証券会社のウェブサイトだけで完結できます。このUSドルへの交換時の為替レートがのちに「円高ドル安」または「円安ドル高」に変動することで、日本円として見た場合の価値が変動していきます（前章でお伝えした、為替リスクですね）。

USドルに交換後は、銘柄を選択し、買付注文を入れておくと購入される流れです。

株式の購入には大きく「**成行注文**」と「**指値注文**」があります。

成行注文は、**注文時の株価でそのまま購入する**注文方法です。

指値注文は「株価が○ドルになった時点で購入する」という、**購入（もしくは売却）の価格を指定して購入する**ものです。例えば、今は50ドルの株が、今後下がりそうだとしたら45ドルで指値注文を入れておき、下がったら購入される、といった具合ですね。

米国株購入の流れ

❶❷証券会社に口座を開設し、
外国証券取引口座を開設する
口座開設には
マイナンバーが必要だよ
口座開設を申請
❸資金を日本円で入金する
投資用の銀行口座に
お金を入れていく
イメージ
日本円を入金
❹日本円をUSドルに交換する（為替振替）
USドルに両替
❺そのUSドルで米国株を購入する
注文
購入
株券

Point

基本的な流れさえつかんでおけば、米国株は簡単に購入できる！　USドルを入金すれば、日本株と同じように取引可能

03 米国株に投資する方法③ 定期買付機能を使おう

前項でご紹介した方法で米国株に投資する場合、「日本円からＵＳドルへの交換」と「米国株の注文」という２つの作業が必要です。

普段忙しい方は、この作業が面倒だと思われるかもしれません。

投資信託のように、積立設定をしておけば、後はほったらかしでも自動的に米国株に投資してくれるような機能があればラクですよね。

決まった日に自動買付

ネット証券会社の中でこれが可能なのが、ＳＢＩ証券です。現在、**米国株式・米国ＥＴＦの定期買付サービスとして自動積立が可能**な設定が用意されています。

これは、毎月・毎週の決まった日に米国株を買付する設定をしておくことで、その日に自動的に買付を行ってもらえるという便利なサービスです。

この場合、指値注文ではなく成行注文となり、買付タイミングの株価で購入することになります。

日本円のままでもＯＫ

前項で「日本円をＵＳドルに交換する」という作業が必要とお話ししましたが、実は日本円のままで米国株を購入することも可能です（もちろん、定期買付もＯＫです）。

日本円のままで米国株を購入することを「**円貨決済**」、ＵＳドルで購入することを「**外貨決済**」と呼びます。

円貨決済を選んでおけば、証券会社に入金しておいた日本円のままでも、ほぼ買付タイミングの為替レートで計算して自動的にＵＳドルに交換・購入してくれるので、非常にラクです。

定期買付機能を活用しよう

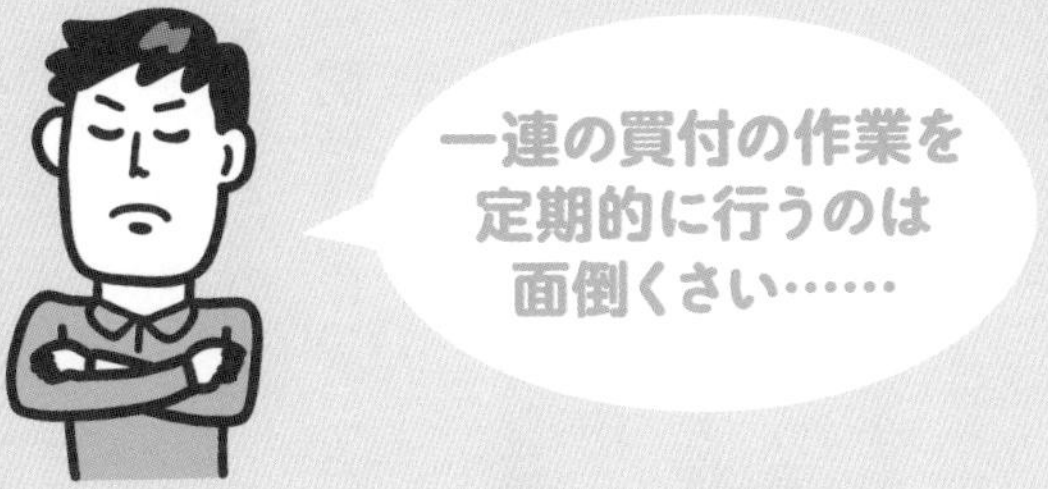
一連の買付の作業を
定期的に行うのは
面倒くさい……

SBI証券の「定期買付サービス」

毎月、指定した銘柄を自動的に買付する機能

**➡1株単位から自動的に購入できる。
購入する対象が決まっているなら非常に便利！**

外国株式 > 米国 > 米国株式・ETF定期買付サービス
米国株式・ETF定期買付サービス
米株を毎月好きな日に好きな銘柄を自動買付！
米国株式・ETF
定期買付サービス
お客さまが銘柄毎に指定した設定内容を基に、「設定株数」、または「設定金額以内の単元株」を定期的に買付するサービスです。
※米国株式、米国ETFは1株（1口）単位でのお取引となります。
これらに当てはまる人におススメ！
毎月決まった日や曜日に買付したい
定期的に投資（積立）したい
NY取引時間（夜）に起きていられない
NISAやジュニアNISAをしっかり活用したい
ボーナス月にはまとまった金額で買付したい

※ SBI 証券ウェブサイトより

Point

**投資信託の形ならより簡単に、
米国株に投資できる！
第5章を参照**

04 アメリカの株式市場 NYSEとNASDAQ

本項では、米国株を取引するうえで知っておきたい2つの取引所と、マーケットの開始時間についてご紹介します。

NYSEは「**ニューヨーク証券取引所**」という名前が示すとおり、ニューヨークのウォール街にある株式の取引所です。200年以上の歴史があり、アメリカの歴史ある企業の多くは、ここで上場し、取引されています。

もう1つの取引所である**NASDAQ**は1971年に開設された、ベンチャー向けの取引所です。NYSEに比べると新しく、当時登場したテクノロジー企業の銘柄が主に上場しているというのが特徴です。

ベンチャー企業向けというものの、昨今ではテクノロジー企業の時価総額は非常に大きく、アメリカを代表する企業も数多く含まれています。

ざっくり分けると、**NYSEは老舗企業、NASDAQは新興のテクノロジー企業が多く上場する取引所**ということですね。

寝る前と起床後にチェック

さて、日本とアメリカは時差があるので、現地のマーケットがオープンする朝～午後は、日本時間では、23時半～6時頃です。

通常時間と夏時間（サマータイム）で1時間オープンの時間が違いますが、**基本は日本の深夜が米国マーケットのオープン時間**と考えておきましょう。

深夜の時間帯とはいえ、別に夜どおし起きている必要は全くなく、夜寝る前と朝起きた後に株価をチェックして、注文した銘柄が購入されているかどうか、などを確認する程度で良いでしょう。

アメリカの株式市場は2つある

NYSE（ニューヨーク証券取引所）

- 200年以上の歴史を持つ取引所
- 歴史の長いオールドエコノミー銘柄が多数
- 連続増配銘柄が集中している

【主要銘柄】
ジョンソン・エンド・ジョンソン、ビザ、AT&T、
JPモルガン・チェース、バークシャー・ハサウェイ　など

NASDAQ（ナスダック）

- 電子取引のみで運営されるデジタル証券所
- 新興株、ベンチャー企業の上場が盛ん
- テクノロジー銘柄が集中している

【主要銘柄】
アップル、マイクロソフト、アマゾン、フェイスブック、グーグル、
インテル、アドビ、ペイパル　など

● マーケットオープン時間

通常時間	日本時間	22:00	23:00	0:00	1:00	2:00	3:00	4:00	5:00	6:00
	米国時間	8:00	9:00	10:00	11:00	12:00	13:00	14:00	15:00	16:00
マーケットオープン時間				オープン時間　23:30~6:00						

サマータイム	日本時間	22:00	23:00	0:00	1:00	2:00	3:00	4:00	5:00	6:00
	米国時間	9:00	10:00	11:00	12:00	13:00	14:00	15:00	16:00	17:00
マーケットオープン時間			オープン時間　22:30~5:00							

Point
実際に取引するうえでは、
両方ともインターネット経由での注文なので、
時差はそれほど意識する必要はありません！

05 特定口座と一般口座、どっちで投資する？

さて、株式投資をするうえで覚えておきたい単語に「**特定口座**」と「**一般口座**」があります。

株式の購入時には、どちらの口座で購入・保有をするのかを選択することになります。

両者の違いは、**株式の利益や配当金に関する確定申告をする必要の有無**です。

特定口座を選べばＯＫ

結論から先にお話しすると、**ほとんどの場合は「特定口座」を選べばＯＫ**です。

特定口座は、証券会社が投資家に代わって、利益にかかる税金を計算してくれて、そのまま税金を納めてくれるという口座になります。

この場合、証券会社が毎年「年間取引報告書」という資料を代わりに作ってくれるため、非常に便利です。

また、いわゆる源泉徴収という形で、私たち投資家の手元に配当金などが入金される際にはすでに納めるべき税金が差し引かれているので、何もしなくてもＯＫなのです。

一般口座の場合、こうした税金の計算や確定申告、納付などをすべて投資家自身で行うことになります。

確定申告に必要となる年間取引報告書の作成も自分で行わなければなりません。特定の理由がない限りは、一般口座を選ぶ必要はないと思います。

煩わしい税金手続きはナシ！

会社員として年末調整を行っているので確定申告をしたことがない、という人も少なくないはずです。特定口座を利用しておけば、煩わしい手続きをすることなく、米国株投資を続けることができますよ。

特定口座・一般口座とは？

**米国株を保有するための口座には
2つの種類があります**

口座の種類	特定口座	一般口座
確定申告の要否	**不要** （証券会社が代行）	**必要** （自分でする）
もらえる書類	**年間取引報告書**	**なし**
税金の源泉徴収	**あり** （源泉徴収なしも選択可能）	**なし**

米国株で支払う税金の
計算・申告・納付、
すべてお任せするコース！

**株式を購入する際、どちらの口座で
保有するかを選択することができます**

Point

**迷ったらひとまず
特定口座でOK！**

06 かかる税金を低くするNISA口座とは？

実は、前項で紹介した「特定口座」「一般口座」以外にもう1つ、「**NISA口座**」と呼ばれる口座があります。NISAとは、**年間一定の金額までの投資で得た利益なら税金が免除される**という日本の制度のことです。

米国株に投資できる口座は？

NISA口座にはいくつか種類がありますが、**米国株に投資できるのは「一般NISA」と「ジュニアNISA」（未成年者対象）の2つ**です。「つみたてNISA」では直接、米国株や米国ETFを購入することができません。「つみたてNISA」の投資対象である一部の投資信託を使って米国株市場への投資は可能ですが、本書で説明してきた個別株への投資や配当金の受け取りができないため、米国株投資では「一般NISA」を推奨します。そのため、本章では「一般NISA」をご紹介します（つみたてNISAについては第5章6項をご参照ください）。

月10万円まで非課税

NISAの非課税枠は「年間120万円」です。この枠内での投資であれば、いくら利益が出ても、それにかかった日本国内の税金が免除されます。年間120万円なので、月10万円の投資までが税金面で優遇されますね。開設できるNISA口座は1人1つまでです。

日本では株式の利益のうち、20・315%が税金として取られますが、これは比較的高い税率です。この税金を低く抑える数少ない方法がNISA口座の非課税枠なので、基本的にはNISA口座を使って投資するのがベストです。

NISA口座で税金を低くしよう

NISA口座は
1人1口座のみ！
複数の証券会社では
作れません

※一般・特定口座とNISA口座の併用はOK

口座の種類	特定口座	NISA口座
税金の免除	なし （利益に対して 20.315%）	あり （枠内の投資は 非課税）
非課税枠	なし	年120万円まで

米国株投資の利益にかかる
税金を軽減できるのは
NISA口座のみ。
積極的に利用しよう！

Point

「つみたてNISA」では
米国株・ETFへの投資はできないので、
口座開設時は「一般NISA」を選ぼう

07 NISA口座で米国株に投資した場合の税金

米国株に投資する場合、特定口座よりもNISA口座を使って投資をする方がかかる税金は低く済みます。

まず米国株には、「**アメリカの税金**」と「**日本の税金**」の2つが課税されます。

・アメリカの税金……配当金利益の10%

・日本の税金……売却益・配当金利益の20・315%

（アメリカでは売却益は非課税）

税率が10%か、30%か

特定口座で保有している米国株から配当金収入が出ると、「アメリカの税金」と「日本の税金」の両方がかかります。

配当金の利益にアメリカ分の10%の税金が、残り90%の利益に日本分の20・315%の税金がかかるため、最終的な税率は28%、手取りは約72%となります。

NISA口座で保有していれば、配当金にかかる20・315%の税金は免除されます。

あくまで免除されるのは「日本の税金」であり、「アメリカの税金」はかかりますが、最終的な税率は10%、手取りは90%です。かたや1割、かたや約3割なので、この差はかなり大きいですよね。

NISAなら完全無税！

補足ですが、**税金が取られるのは「利益が出た場合のみ」**です。配当金は支払われた時点で「利益」になるので、必ず税金がかかってしまいます。

また、売却の利益には日本の税金しかかからないため、NISA口座で購入・売却すれば、完全に無税で利益を得ることもできますよ。

NISA口座で米国株投資すると税金はこうなる

アメリカの税金	日本の税金
利益の10%	利益の20.315%

パターン①特定口座で100ドルの配当金を得た場合

100ドル × 10% = 10ドルの税金

90ドル × 20.315% =
18.28ドルの税金

手取り
約72ドル

パターン②NISA口座で100ドルの配当金を得た場合

100ドル × 10% = 10ドルの税金

日本の税金は免除

手取り
90ドル

●売却の利益（キャピタルゲイン）	日本のみ課税
●配当金の利益（インカムゲイン）	日米で課税

※NISA口座が非課税となるのは、投資した年から5年間です。
5年目以降は次の投資枠に乗り換えて延長（ロールオーバー）することも可能です。

Point

**税金がかかるのは利益が出た時だけ。
株式の保有そのものには
税金はかからない！**

08 取られすぎた税金を取り戻す「外国税額控除」

特定口座の場合、配当金から28％も税金が取られますが、もう少しだけ税金を安くする方法があります。日米両方の税金がかかると聞いて、「これって二重課税では？」と思われたのではないでしょうか？

そのとおりで、アメリカと日本から二重で課税されていることになり、投資をするうえでは非常に不利です。ですが、実は「**外国税額控除**」という、この二重課税を回避する方法があります。

これは、「米国株でいくら利益が出ました」「アメリカに税金としていくら取られました」と申告すると、**アメリカ分の税金の金額が還付金として戻る制度**です。アメリカと日本は、株式の二重課税を防ぐ条約を結んでいるのですね。

外国税額控除の制度を利用した場合、アメリカの税金10％が還付金になるので、最終的な税率は20・315％、手取りは約80％となります。

また、この制度を利用するためには、確定申告が必要です。年末調整をしている会社員の方でも確定申告は可能なので、少々手間ではありますが、税金を取り戻すために確定申告をしましょう。

結局NISAがおトク

前項で説明したNISA口座の税金免除と、外国税額控除で戻る税金を比べると、**NISA口座の税率は10％、外国税額控除をした場合の特定口座の税率は約20％と、NISA口座の方が有利**です。

優先すべきはNISAの非課税枠を使う投資で、年間120万円を超える場合は特定口座で外国税額控除を申告する、というのが良いでしょう！

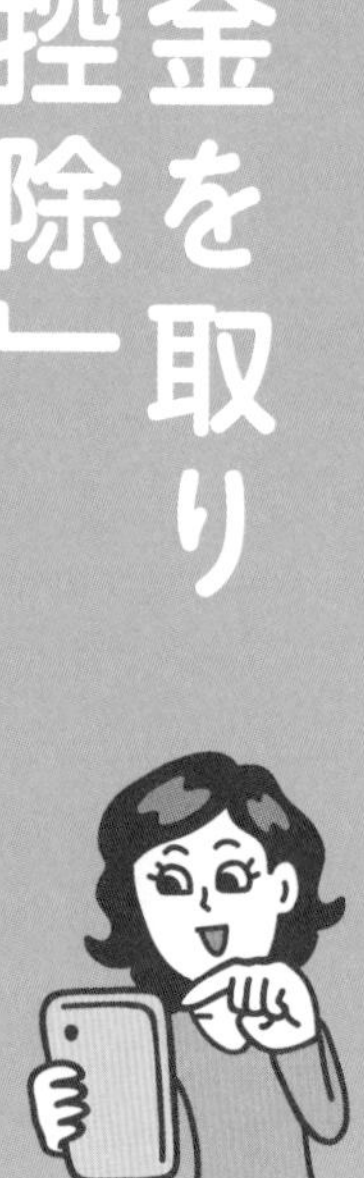

取られすぎた税金を取り戻す!

アメリカの税金

利益の10%

日本の税金

利益の20.315%

この二重課税を解決する方法が「外国税額控除制度」

確定申告で、取られたアメリカの税金の金額を申告すると、その分の金額が還付金として戻ってくる!

特定口座でもらえる「年間取引報告書」を確定申告で提出すればOK!

パターン③確定申告で二重課税を申告した場合

100ドル × 10% = 10ドルの税金

90ドル × 20.315% = 18.28ドルの税金

その後、確定申告でアメリカの税金が10ドルと申告

➡還付金の形で、税務署からその金額分が戻ってくる!

手取り 約82ドル

Point

税金の制度は複雑だけど、必ず押さえておきたい大事なポイント。可能な限り、税額を少なくする方法を取っていこう

09 米国株投資ならネット証券会社はどこを使う？

いざ米国株に投資するにあたり、どの証券会社を選ぶのが良いのでしょうか？

まず、**インターネットで自由に注文・管理できるネット証券会社であることが大前提**です。すでにお話ししたとおり、店舗や電話で注文を受けている証券会社は手数料が高くつく場合があるため、コストを抑えられるネット証券会社を選びましょう。

米国株への投資でよく使われているのは、「ＳＢＩ証券」「楽天証券」「マネックス証券」です。この3社は米国株の手数料に関しては横並びで、どこを選んでも最安の水準になります。

しかも、どこか1社が手数料引き下げなどの変更をした場合、他社も追従して手数料を引き下げる……というような競争が常に行われているため、手数料という面ではこの3社はどこを選んでも変わりません。

3社のサービスはどう違う？

となると、後は各社個別のサービス面です。

ユーザ数が最も多いＳＢＩ証券は、本章3項で紹介した「定期買付」のサービスがあります。

マネックス証券はトレードに適した機能が充実しており、成行・指値注文以外にもさらに細かい注文方法が選択できます。

楽天証券は、楽天系のサービスというメリットを生かして、投資信託の購入に楽天スーパーポイントを使えるのが特徴です。楽天系のサービスを使っている方は、かなり有利に投資が可能ですね。

左ページでサービス内容を確認していただき、自分に合った証券会社を選んでみてください！

証券会社はどこを使うべき？

ネット証券３社の中から選ぶのがオススメ！

SBI証券

- 米国株の定期買付サービス
- 住信SBIネット銀行の口座と連携することで為替手数料が最安になる

マネックス証券

- 米国株のトレード機能が充実
- 細かい注文方法が選択可能
- 銘柄取扱数が最多

楽天証券

- 楽天系のサービスと連携で有利に
- 楽天スーパーポイントで投資可能（米国株系の投資信託が購入可能）

手数料については競争関係にあるので、大差なし！

Point

米国株の投資に使う証券会社で、同時にNISA口座を開設するのがオススメ。メイン口座として、ネット証券会社をしっかり使っていこう

COLUMN

円貨決済か、外貨決済か

本章3項にて、米国株を購入するための方法として日本円で購入する「円貨決済」と「外貨決済」の２種類を紹介しましたが、どちらを選ぶのが良いのでしょうか。

結論からいうと、手軽さを重視するなら円貨決済を、コストを重視するなら外貨決済を選ぶことになります。

円貨決済のメリットは、日本円で注文ができるため、手間がかからない点です。わざわざUSドルを用意しなくても、証券会社が自動的に日本円→USドルの交換をしてくれるので、USドル調達といった面倒なことをしなくても良いのですね。

外貨決済のメリットは、コストを抑えられる点です。外貨を購入するための方法はいくつかありますが、一般的には円貨決済よりも為替手数料が低く済みます。ただ、証券会社によっては、米国株の購入手数料は低いものの為替手数料が高いというパターンがあるので、コスト重視の場合は注意が必要です。ちなみに、ぼくは外貨決済で米国株を購入しています。

詳細は第6章2項を確認いただければと思いますが、SBI証券では自分で事前にUSドルに交換しておくことで、為替手数料を６分の１近くまで抑えることができ、コストをかなり軽減することができます。

小さなコストの違いでも、長期投資していくうえでは最終的に大きな差が出てくることになります。円貨決済と外貨決済のコストは証券会社によって異なるので、詳細はそれぞれご利用の証券会社を確認してみてください！

CHAPTER 3

第3章

便利なETFを活用しよう

01 米国株投資が便利になるＥＴＦとは？

この章では米国株に投資をするうえで非常に便利な「ＥＴＦ」という仕組みをご紹介していきますね。

ＥＴＦとは、複数の株式の銘柄がまとまってできた1つの銘柄です。米国株のＥＴＦは個別株と同じく証券所で上場されており、1口ずつ取引することができます。

５００銘柄にまとめて投資

このＥＴＦの中身にはいろいろな種類があります。米国株に関するＥＴＦなら、米国株の代表的な銘柄の株価平均を示すＳ&Ｐ５００の５００銘柄に投資するもの、米国株の中でも近年急激に成長しているテクノロジー株に投資するもの、配当利回りの高い銘柄のみをチョイスして投資するもの、などがあります。

分散投資を代行してもらえる

これらの個別銘柄に分散投資するとなると、莫大な資金が必要です。

例えばＳ&Ｐ５００の５００社全体に投資したい場合、５００銘柄すべてを購入する必要があります。これを個人投資家が自分でやろうとすると、管理上も資金上も非常に大変です。

しかしＥＴＦの場合、**多くの人から資金を集める形でＥＴＦの運用会社が分散投資を代わりにやってくれています。**

投資家として管理するのはこの1本のＥＴＦだけで済むので、とてもラクになりますよね。資金も、ＥＴＦ1口は数十～数百ドル程度ですから、簡単に分散投資することができます。

また、ＥＴＦは個別株の集まりなので、それらの銘柄が支払う配当金ももらうことが可能です。

ETFとは?

Exchange Traded Fund
(＝上場投資信託)

米国株

1つの企業が株式を上場しているもの
投資対象はその1社のみ

単位は1株

ETF

複数の企業・銘柄を1つにまとめたもの
投資対象は数十〜数千社にもなる

単位は1口

本来、分散投資は非常に資金力と管理の手間がかかる！
ETFは少ない資金で効率的に分散投資できる優れた方法！

Point

運用・管理はすべてETFの運用会社にお任せ

02 市場全体に投資する「インデックス投資」

ＥＴＦ投資と密接な関係にあるのが、インデックス投資です。**インデックスとは株式指標で、ＮＹダウやＳ＆Ｐ５００、日経平均など、市場の平均を示す指標のこと**です。これら市場全体を示すインデックスに連動して運用し、市場成長の平均値的な投資結果を取るよ、というのがインデックス投資の考え方ですね。大きく成長している国のインデックス投資は非常にリターンが大きく、特に米国株のインデックスは世界の株式市場で一人勝ちの状態にあります。

インデックス投資のメリットとしては、次の点が挙げられます。

①成長する市場に投資すれば、ほぼ確実に儲かる

②市場全体に投資するため、十分な分散効果が出る

③単純な平均値のため、コストが低い

アクティブ投資は高コスト

インデックス投資とは逆の考え方に**アクティブ投資**があります。これは、市場にある株式の中から「これは市場の平均（インデックス）よりも儲かりそうだ」という銘柄を選び投資していくものです。

例えば「これからはヘルスケア業界が伸びそうだ。その中でも、さらに業績の良い銘柄だけを選んで投資しよう」というのがアクティブ投資の考え方ですね。いわゆるアクティブファンドという形で、投資信託によく用いられる方式です。この方式は、大きく儲かる場合もあれば、損をする場合もありえます。

また、銘柄選定などのコストがかかるため、インデックス投資よりも運用時のコストが高いというデメリットもあります。

インデックス投資で市場全体に投資しよう

インデックス投資とは……

特定の指数に連動して
投資する方法

米国株の市場平均は上昇を続けており、米国株インデックス投資というシンプルな方法でアメリカの経済成長の恩恵を受けられる

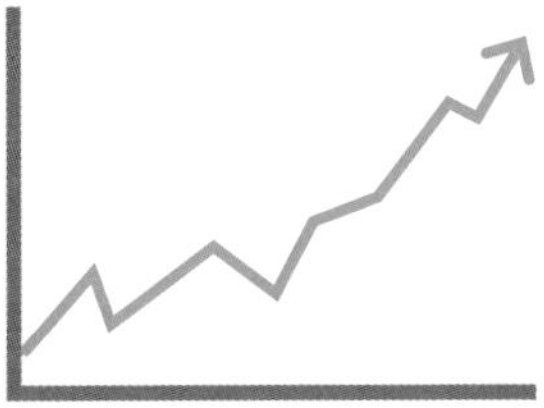

インデックス投資の3つのメリット

❶成長する市場に投資すれば、ほぼ確実に儲かる
❷市場全体に投資するため、十分な分散効果が出る
❸単純な平均値のため、コストが低い

世界各国の代表的なインデックス

アメリカ：NYダウ、S&P500
日本：日経225、TOPIX
イギリス：FTSE100
ドイツ：DAX
中国：上海総合指数
インド：SENSEX

Point

まず少ない資金で分散投資したい場合は、
インデックス投資は必要不可欠！
ぜひ活用しよう

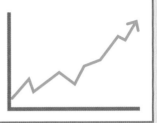

03 米国株投資はインデックス投資だけでもいい

さて、米国株市場の成長が目覚ましいことは、いろいろとご紹介してきました。米国市場のインデックスであるS&P500は長年右肩上がりを続けているので、この波に乗って資産を増やすことを考えた場合、極端にいえば「米国株投資はインデックス投資だけでもいい」のです。

①投資用の資金を証券会社に入金

②決まった日にインデックス投資のETFを追加購入

③市場の成長に合わせて、配当金と株価上昇の恩恵を受ける

これを行うだけで、米国株投資はOKです。過去数十年間、どのタイミングでもこのインデックス投資をコツコツ続けるだけで資産は大きく成長し、誰でも儲けることができました。

長い目で見れば米国株の上昇トレンドは現在でも続いているので、これからインデックス投資を長期間行うだけで十分な利益を上げることができるはずです。

銘柄の分析や選定といった作業も必要ないので、忙しい方にとってはインデックス投資が最適な投資方法なのです。

長期投資が前提

ただし、インデックス投資は「長期間の投資」をすることが大前提です。短期間で見ればインデックス投資であっても平均株価が下落することはよくあります。この下落タイミングで投資すると資産額がマイナスになってしまいますが、例えば5年以上など長期間で投資を続けることで、最終的にプラスになり、資産が成長していくことになります。

インデックス投資では、長い目で考えることが最重要です。

インデックス投資だけでも十分!

過去30年間のS&P500

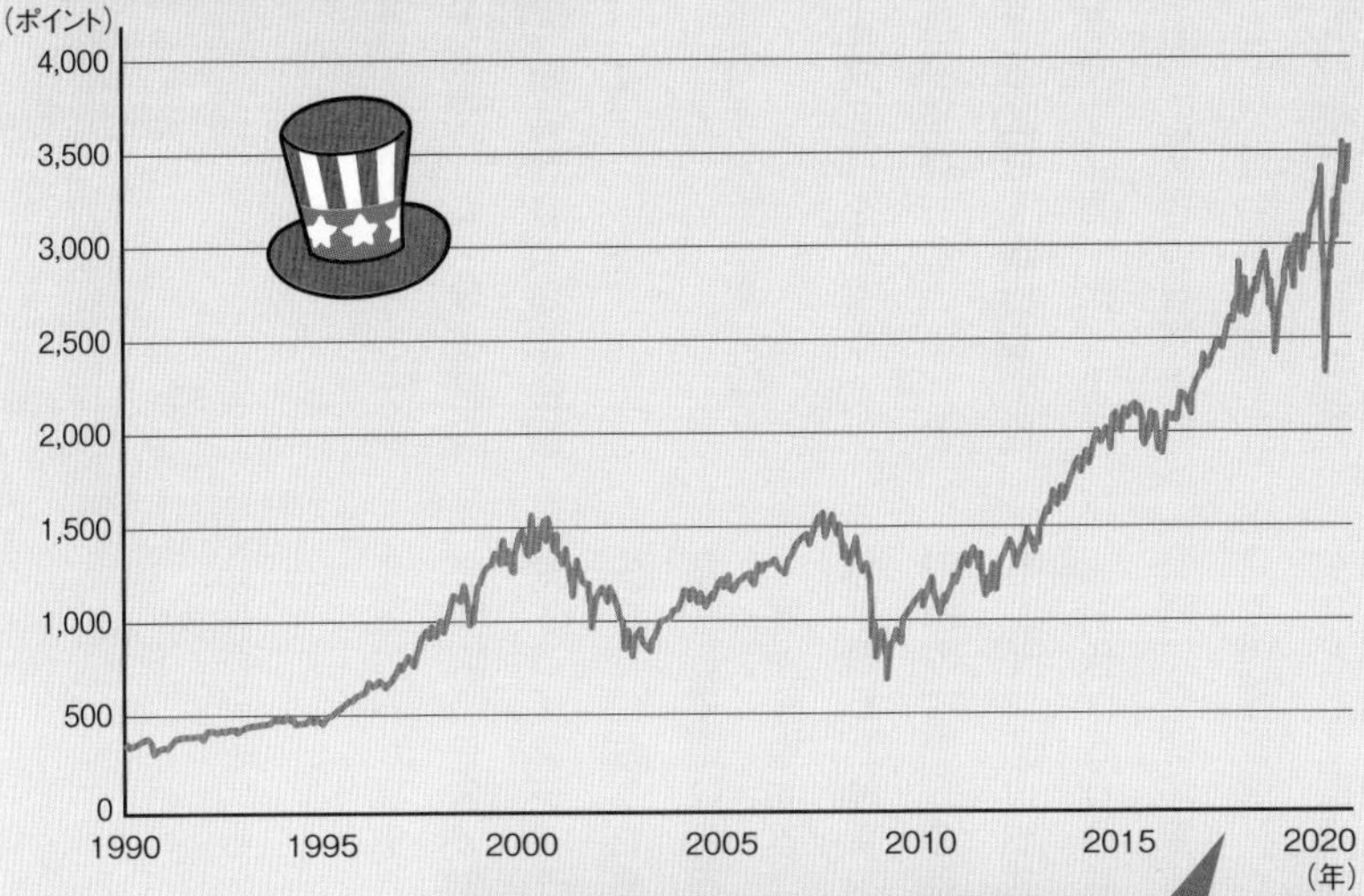

アメリカを代表する500社にインデックスで分散投資すれば、分散効果・リターンは必要十分！

投資するインデックスを決めたら、毎月入金・毎月購入を繰り返すだけ。投資する銘柄を決める必要なし！

Point

過去数十年間にわたって、インデックス投資のみを行うだけで、誰でも儲けることができたという歴史がある※

※第1章10項を参照

04

米国株の主要なインデックス

米国株の市場平均を示すインデックスは、「**NYダウ**」と「**S&P500**」そして「**NASDAQ総合指数**」が代表的です。

よく採用されるインデックスは？

NYダウは正式名称を「ダウ・ジョーンズ工業株価平均」といい、**アメリカを代表する30社を選出して組み入れたインデックス**で、ニュースでよく報道され、「米国の景気動向を表す指標」として使われます。

また、この30銘柄は定期的に変更され、その時代で最も勢いのある大企業のみが選出されます。

非常に有名ですが、**NYダウに連動するインデックスETFは意外と少なく、S&P500の方が投資対象として選ばれる場合が多い**です。

度々登場する「S&P500」は**NYSEとNASDAQの2つの取引所の主要500銘柄の平均値を表したインデックス**です。

対象が500銘柄なので、幅広く気軽に分散投資することが可能です。多くの投資信託やETFでインデックスとして採用されており、実際に投資対象となるのはこれら500銘柄となっていることが多いですね。

一方、「NASDAQ総合指数」は**NASDAQに上場している全銘柄の平均値を表したインデックス**になります。

GAFAなどアメリカで最も勢いのあるテクノロジー株はNASDAQで上場しており、この指数もそれらの影響を大きく受けています。

その中には、特に勢いのある100銘柄を対象とした「**NASDAQ100**」というインデックスもあり、ETFの対象としてはこちらがよく採用されています。

アメリカを代表する3つのインデックス

NYダウ

アメリカを代表する30社の平均株価

その時その時で最も勢いのある大企業だけが組み入れられる
ニュースで報道されることが多い指標

【主要銘柄】
ビザ、IBM、コカ・コーラ、マクドナルド、ウォルマートなど

S&P500

2つの取引所に上場する主な500社の平均株価

幅広いセクターに分散投資できる
実際に投資対象としてETFで用いられるのはS&P500の方が多い

【主要銘柄】
バークシャー・ハサウェイ、P&G、マスターカード、ディズニーなど

NASDAQ総合指数

NASDAQに上場する約3300銘柄の平均株価

テクノロジー株が多く、株価の勢いが強い
さらに上位100社だけを組み入れた「NASDAQ100」をインデックスにしたETFが多い

【主要銘柄】
アップル、マイクロソフト、アマゾン、フェイスブック、グーグルなど

Point

指標によって、それぞれの目的や値動きが異なる！　投資対象としてはS&P500に連動するものが最もメジャー

05 主要な米国株ＥＴＦをご紹介

ここからは実際の投資対象である、ＥＴＦの銘柄についてご紹介していきます。まずは、米国株全体に投資をするインデックス投資の主要なＥＴＦについてです。

主要ＥＴＦの対象銘柄は？

「**ＶＯＯ**」は、**Ｓ＆Ｐ５００に投資するインデックスＥＴＦ**です。Ｓ＆Ｐ５００のチャートに連動する形で値動きをします。

シンプルに米国株へのインデックス投資ということであれば、このＶＯＯを定期積立していくだけでオールＯＫです。

「**ＶＴＩ**」も同じくアメリカ全体の株式に投資するインデックスＥＴＦです。

ただ、投資対象はＶＯＯが大型株５００銘柄なのに対して、ＶＴＩは**３６００銘柄**です。ＶＯＯではカバーしきれない小型株も含まれているため、本当の意味でアメリカ全体に投資するＥＴＦといえますね。

５００銘柄でも分散効果は十分ですが、「分散投資するならより銘柄が多い方が良い！」と考えるならＶＴＩを選ぶのが良いでしょう。

「**ＱＱＱ**」は、ＮＡＳＤＡＱ上位の銘柄を組み入れた**ＮＡＳＤＡＱ１００に投資するインデックスＥＴＦ**です。

勢いのあるテクノロジー株がＮＡＳＤＡＱ上位に集まっているということもあり、ＶＯＯやＶＴＩと比べて非常に高いパフォーマンスを発揮しています。大きなキャピタルゲインを狙うならＱＱＱは狙い目です。

ただし、投資対象がテクノロジー株に偏っているうえ、１００銘柄のみなので、ＶＯＯやＶＴＩと比べると分散効果は低くなります。

主要な米国株ETF

VOO（バンガード・S&P500 ETF）

S&P500に連動する形で投資するETF

インデックス投資の王道

銘柄数	約500
対象インデックス	S&P500
経費率	0.03%
純資産総額	約1695億ドル

VTI（バンガード・トータル・ストック・マーケットETF）

アメリカの上場企業を網羅する約3600銘柄に投資するETF

VOOではカバーしきれない小型株にも投資することが可能

銘柄数	約3600
対象インデックス	CRSP US トータル・マーケット・インデックス
経費率	0.03%
純資産総額	約1763億ドル

QQQ（インベスコQQQトラスト・シリーズ1）

NASDAQの上位100銘柄に投資

米国株で最も上昇するテクノロジー株に集中投資するETF

銘柄数	約100
対象インデックス	NASDAQ100
経費率	0.2%
純資産総額	約1418億ドル

Point

いずれのインデックスETFも、長期にわたって大きく成長。これら3つのETFを中心に投資していくだけでもOK

06 米国株セクターと、セクターETF

さて、米国株には**大きく分けて10個のセクター（業界）**があります。大きく伸びるテクノロジーやヘルスケア、人が生きるうえで必要不可欠なエネルギーや生活必需品、そしてインフラなどですね。

企業はそれぞれセクターごとに分類されていて、それらを選んでETF投資をすることも可能です。

セクターを限定して投資する

詳しくは左ページの一覧をご覧いただければと思いますが、例えば金融株は「VFH」というETFが、エネルギー株は「VDE」というETFがあり、これらのETFはその業界の銘柄100％で構成されています。

好みの比率にするためにプラスワン

VOOやVTIなどのETFだけでも分散投資の効果は十分ですが、テクノロジー株の比率が高くなりすぎるなど、自分好みの比率配分になるとは限りません。そうした場合には「プラスワン」の形でセクターETFも追加購入することができます。

セクターによって、平均値である**S&P500よりもリターンが良い、石油価格に左右されて大きく値動きする、配当金が安定して高配当であるなどさまざまな特徴があります。**

セクターごとの差は大きい

一概に米国株といっても、**セクターごとに分類すると、そのトータルリターンや配当利回りには大きな差**があります。セクターごとのメリット・デメリットを考慮したうえで、みなさん自身のポートフォリオにセクターETFを追加するかどうかを検討してみてください！

業界ごとに投資できるセクターETF

米国株は、大きく10のセクターに分かれる！
インデックス投資にプラスして、ポートフォリオの比率を調整するのに役立つ

ティッカー	セクター名	年次トータルリターン（5年間）	分配利回り	主要銘柄
VAW	素材	4.58%	1.71%	リンデ、エアプロダクツ＆ケミカルズ
VCR	一般消費財	11.58%	0.83%	アマゾン、マクドナルド、ナイキ、スターバックス
VDC	生活必需品	6.63%	2.29%	P&G、コカ・コーラ、ウォルマート、フィリップモリス
VDE	エネルギー	-10.95%	5.90%	エクソンモービル、シェブロン、コノコフィリップス
VFH	金融	5.10%	2.39%	JPモルガン、バークシャー・ハサウェイ、バンク・オブ・アメリカ
VGT	テクノロジー	22.95%	0.83%	アップル、マイクロソフト、ビザ、インテル、アドビ
VHT	ヘルスケア	8.35%	1.63%	ジョンソン・エンド・ジョンソン、ファイザー、アッビィ
VIS	資本財	6.56%	1.59%	ボーイング、スリーエム、ユニオン・パシフィック
VOX	通信	4.27%	0.73%	フェイスブック、グーグル、ベライゾン、AT&T
VPU	公益事業	10.08%	2.78%	ドミニオン・エナジー、デューク・エナジー、サザン・カンパニー
VOO	S&P500	10.69%	1.21%	

※リターンはバンガードのファクトシートから引用
※分配利回りは Google Finance のデータより引用

Point

セクターによってリターンが良い、利回りが高いなどそれぞれの特色がある

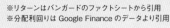

07 高配当ＥＴＦ3つを比較！

ＥＴＦで分散投資しつつ、高い配当金と利回りを受けたいという場合は、**配当利回りが高い銘柄を中心に構成された高配当ＥＴＦ**がオススメです。

もちろん数十から数百の銘柄に分散投資できるうえ、本章5項のインデックスＥＴＦよりも高い利回りで運用することが可能です。

特徴の異なる3つのＥＴＦ

高配当ＥＴＦとしては、**「ＶＹＭ」**、**「ＳＰＹＤ」**、**「ＨＤＶ」**が有力候補です。それぞれ、組入銘柄の数や種類などが異なります。

ＶＹＭは特に**分散投資と高配当のバランス重視**のＥＴＦで、配当利回りが比較的高い４００社に分散投資するものです。銘柄数が多いとその分利回りは低くなりますが、分散投資の効果が大きく出てきます。

ＳＰＹＤは**配当利回りの高い80銘柄に投資するＥＴＦ**で、ＶＹＭより高い利回りを重視した構成になっています。株式だけでなく、高配当なリート銘柄（本章10項参照）も組み入れており、高い配当利回りを重視する投資家に人気です。

ＨＤＶの投資対象は75銘柄ですが、こちらは**より財務状況が良く、配当利回りの高い企業を組み入れているのが特徴**です。長年連続増配を続けている安定企業の銘柄も多く組み入れられているため、安定的な配当収入を得たいという方に最適でしょう。

何を重視するか

分散投資・バランス重視のＶＹＭ、高利回りを目指すＳＰＹＤ、連続増配で安定高配当重視のＨＤＶ、それぞれのスタイルからどのＥＴＦを選ぶか決めてみてください！

高配当ETFで分散+配当収入!

VYM（バンガード・米国高配当株式ETF）

高配当ETFの中でも銘柄数最多

分散投資しつつ配当を得たい場合に最適

➡分配利回り：2.43%

銘柄数	約400
対象インデックス	FTSE ハイディビデンド・イールド・インデックス
経費率	0.06%
純資産総額	約275億ドル

SPYD（SPDRポートフォリオS&P500高配当株式ETF）

特に高配当な80銘柄に投資

不動産にも投資し、高い利回りを狙う

➡分配利回り：3.77%

銘柄数	約80
対象インデックス	S&P500ハイディビデンド・インデックス
経費率	0.07%
純資産総額	約19億ドル

HDV（iシェアーズ・コア 米国高配当株 ETF）

高配当かつ財務状況の良い銘柄に投資

連続増配銘柄も多く、長期間の安定配当狙いに最適

➡分配利回り：3.26%

銘柄数	約75
対象インデックス	モーニングスター配当フォーカス指数
経費率	0.08%
純資産総額	約55億ドル

※分配利回りはGoogle Financeのデータより引用

Point

高配当ETFは高利回り+分散投資が同時に可能。これらETFを中心に購入する米国株投資家も多い

08 世界中の市場に投資するＥＴＦ

アメリカで上場しているＥＴＦの中には、他の国の株式市場に投資できるものもあります。

アメリカの株式市場は世界最大規模で、なおかつ世界を相手にビジネスをしているグローバル企業がたくさんあるので、アメリカだけに投資をすることでもかなりの分散効果があります。

しかし、アメリカ国外にも世界に影響を与える大企業は存在するし、**今後の経済成長のことを考えると、米国株だけではなく世界各国の株式にも投資するのもいいでしょう。**

究極の分散投資ＥＴＦ

例えば「**ＶＴ**」は、米国株を含む**世界各国の約８７００銘柄に分散投資**する、究極の分散投資ＥＴＦです。このＥＴＦを積み立てるようにしておけば、世界全体の株式市場をカバーすることができます。

１つ注意したいのは、**世界全体に投資をするＥＴＦでも、やはり米国株が中心になる**という点です。ＶＴの場合、組入比率のうち57％が米国株です。その次に7・4％が日本株、中国株が４・６％、英国株４・１％……と各国が続きます。

円建てのＥＴＦは円建てで購入

こうしたＥＴＦ以外にも、日本株や中国株・欧州株に投資する米国株ＥＴＦもありますが、わざわざドル建てで購入する必要はありません。例えば日本株への投資であれば、日本円で東京証券取引所で取引されているＥＴＦを買えば良いわけです。

本書では米国ＥＴＦをメインに解説していますが、日本円で購入できるＥＴＦについては、そのまま円建てで購入する方がオススメです。

世界株式にもETFで投資できる

VT（バンガード・トータル・ワールド・ストックETF）

アメリカ・日本を含めた全世界の株式約8700銘柄に分散投資するETF

文字どおり全世界に投資できる

銘柄数	全世界株式約8700
対象インデックス	FTSEグローバル・オールキャップ・インデックス
経費率	0.08%
純資産総額	約151億ドル

国別構成比率

アメリカ	57.0%
日本	7.4%
中国	4.6%
イギリス	4.1%
スイス	2.7%
カナダ	2.6%
フランス	2.6%
ドイツ	2.5%
オーストラリア	2.0%
台湾	1.7%
その他	12.8%

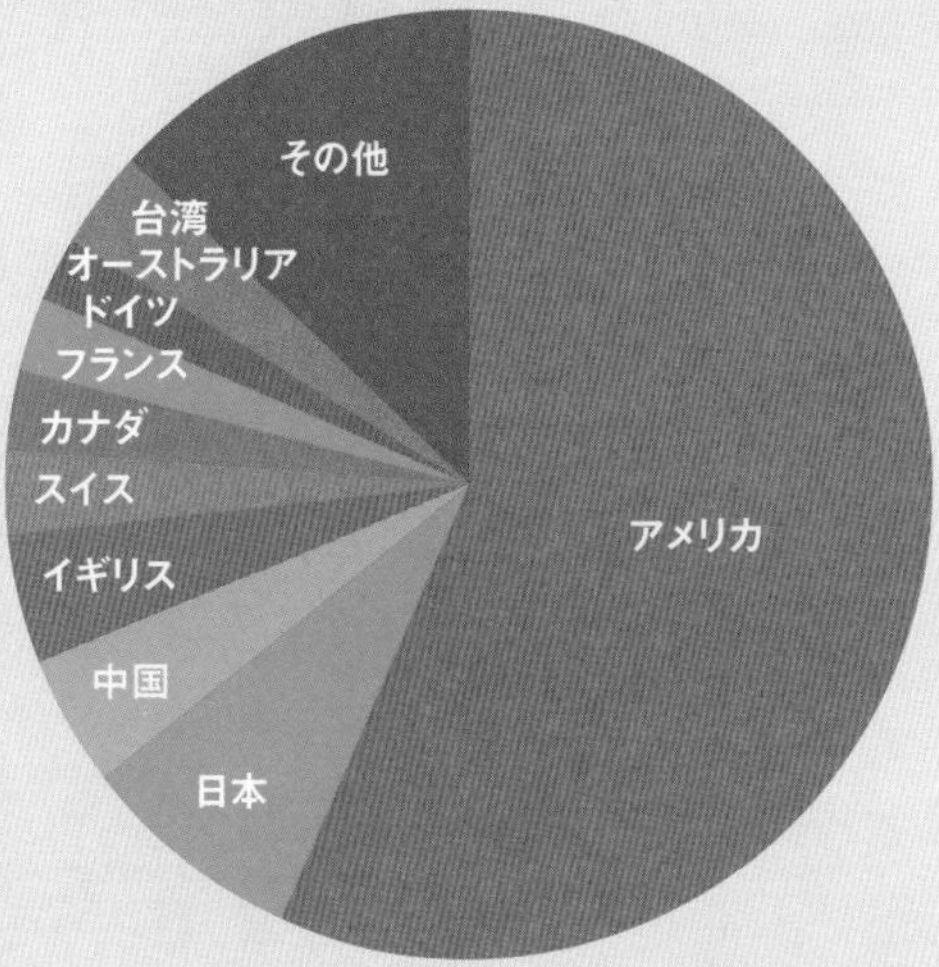

Point

全世界に分散投資するETFでも、シェアの半分以上は米国株が占めていることに注目！

09 目的に合わせて「変わり種ＥＴＦ」もチェックしてみよう

ここまでインデックス系のＥＴＦをご紹介してきましたが、投資の目的やテーマに合わせた変わり種ＥＴＦも存在します。

「ＳＰＸＬ」「ＳＰＸＳ」は、それぞれ**Ｓ＆Ｐ５００指数の３倍の値動きをするＥＴＦ**です。

ＳＰＸＬは**Ｓ＆Ｐ５００が「上昇」すると通常の３倍で価格が上昇**し、ＳＰＸＳは逆に**Ｓ＆Ｐ５００が「下落」すると３倍のスピードで価格が上昇**する、という値動きをします。

上昇も下落もスピードが通常の３倍なので、短期間で大きく儲ける可能性と、暴落によって大損する可能性があるＥＴＦです。

「ＴＥＣＬ」はさらにＳ＆Ｐ５００のテクノロジー株だけを組み入れて、そのうえで３倍の値動きをするＥＴＦです。

大きく株価を伸ばすテクノロジー株に、さらに３倍のレバレッジをかけて投資するので、値動きはさらに激しくなります。ここまで来ると、投資ではなく「投機」の域ですね。

安全資産の「金」

自分は暴落時に減らない安全な資産が欲しい、という場合は**「ＧＬＤ」**があります。これは、**世界的に安全資産と呼ばれる「金」に投資するＥＴＦ**です。

金はどんなに不景気でも一定の価値があるとされ、暴落に強い商品です。

不確実な景気動向が続くと資産を守るために金を買う投資家が増えるので、さらに価格が上昇します。

投資家としてはＥＴＦという形で保有することになりますが、運用元では実際に金塊を保管して、価値を保証しています。

こんな変わり種ETFもあります

SPXL（ディレクション・デイリーS&P500ブル3倍ETF）
SPXS（ディレクション・デイリーS&P500ベア3倍ETF）

S&P500の3倍の値動きをするETF

S&P500の3倍のパフォーマンス、または3倍の逆のパフォーマンスを目指して運用される

銘柄数	約500
対象インデックス	S&P500（3倍レバレッジで運用）
経費率	1.01% / 1.07%
純資産総額	15億ドル / 6億ドル

TECL（ディレクション・デイリー・テクノロジー・ブル3倍ETF）

S&P500のテクノロジー株のみで3倍の値動きをするETF

手数料も高く、短期間のトレード・投機向け

銘柄数	72
対象インデックス	テクノロジー・セレクト・セクター・インデックス
経費率	1.08%
純資産総額	19億ドル

GLD（SPDRゴールド・シェア）

「金の現物」に投資・保有するETF

価値が安定しており、不景気時に高くなる傾向がある安全資産

投資対象	金
対象	0.1オンスあたりの価格と連動（金貨1枚=1オンス）
経費率	0.4%
純資産総額	約786億ドル

Point

短期間で大きく儲けるためのETFや、資産を守るためのETFもある。目的によって、投資するETFを使い分けよう

10 不動産にも投資できる米国リート

アメリカに投資するといえば、株式市場だけでなく不動産市場も活発です。先進国の中で珍しく人口が増加傾向にあり、投資のルールや透明性もしっかり確立されているアメリカの不動産は、株と並んでとても大きな投資対象となっています。

家賃収入を配当として受け取る

不動産に株式と同じ形で投資することができるのが**「リート」**（**REIT**）です。**実際に不動産を所有するのではなく、不動産を運営する企業に投資して、その家賃収入を配当としてもらう**、というのがリートの投資の形です。

米国リートには、家賃収入などの利益を配当に回すことで税金面が優遇される制度があり、積極的に配当として還元され、高利回りになりやすいという環境もあります。

米国リートは多くの種類が上場されていますが、日本のネット証券会社では、ほとんど単体購入ができません。そのため、保有するにはリート銘柄を組み入れたETFを購入することが必要です。例えば、米国リート約80銘柄に投資する「**IYR**」などがあります。

1つ注意しておきたいのは、**リートもあくまで株式市場で上場されている商品であるため、世界的な暴落が起きた時はその影響を受けて大きく価格が下落する**ことです。

実物の不動産の場合、株式市場の暴落の影響を受けずに資産価値を保つことが多いですが、リートの値動きは株式そのものです。

よく実際の不動産投資と混同されることが多いのですが、**リートはほぼ株式投資と同じもの**と考えた方が良いでしょう。

不動産に投資する「リート」

**投資家から資金を集めて、
その資金で不動産に投資・運用、
賃貸収入を分配する仕組み**

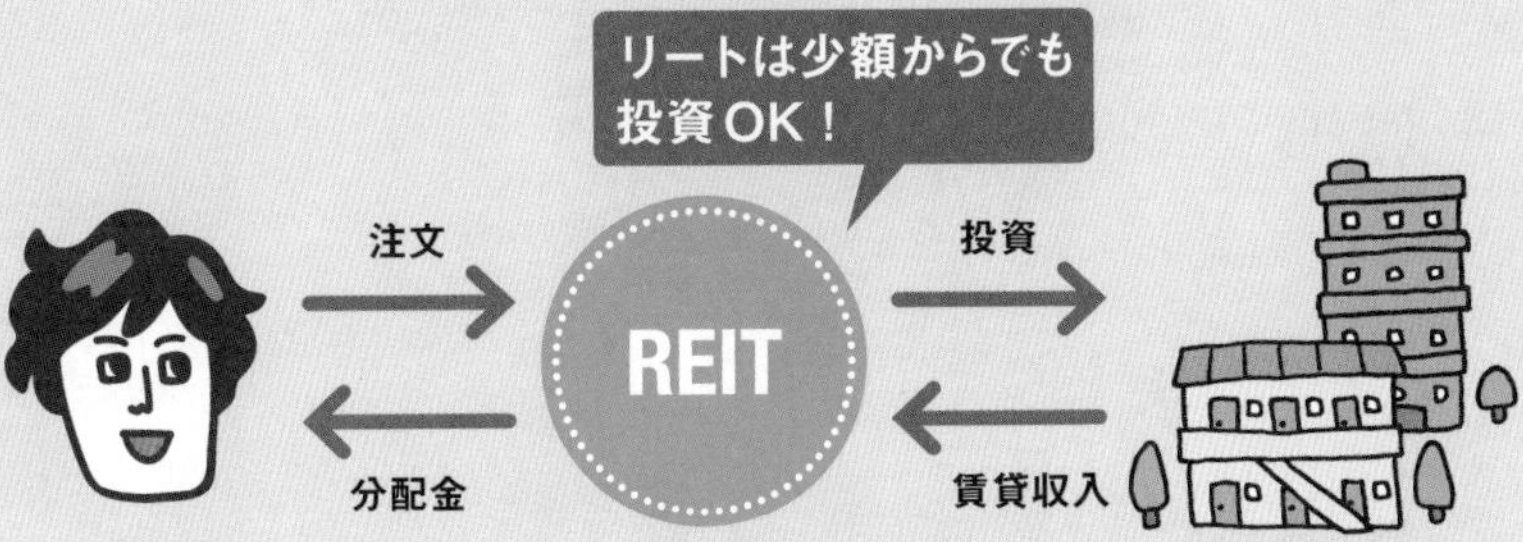

IYR（iシェアーズ 米国不動産 ETF）

**複数の米国リートに
分散投資するETF**

これ1本で、通信設備・
流通設備、医療施設など
幅広い不動産に投資できる

銘柄数	不動産リート約80銘柄
対象インデックス	ダウ・ジョーンズ米国不動産指数
経費率	0.42%
純資産総額	約41億ドル

**利益を配当に回すことで税制面で
有利になることから、米国リートは
高配当・高利回りな銘柄が多い**

Point

**投資対象は「不動産」だが、
不動産そのものを購入できるわけではなく、
あくまで株式と同じものと考えた方がいい**

11 ETFは日本でも上場されている！

本書では、米国株とアメリカで上場されているETFについてご紹介していますが、実は日本国内の東京証券取引所でも上場されているものが多くあります。

例えば、S&P500に投資するものとして、東証では「**上場インデックスファンド米国株式（1547）**」というETFが上場されています。

このETFは、米国ETFのVOOと全く同じ500社に分散投資されるので、投資対象は全く同じです。違いとしては、ETFが上場している証券所が異なることと、取引される通貨が異なることのみです。

値動き＋為替レートで変動

投資対象が同じでも、為替レートによって値動きが多少変わります。

・米国ETF「VOO」……現地USドルのままの価格

・日本ETF「1547」……現地USドルの価格→その時点の日本円レートで表した価格

日本円とUSドルの為替レートは比較的安定しているので、それほど大きな差が出ることはないのですが、**「S&P500の変動＋為替レートの変動」という2つの要素で値動きするので、値動きの理由を把握するのが少し大変**になります。

アメリカの株式に関しては米国ETFで購入するのが良いですが、海外株式や金投資ETFなど、アメリカが対象ではないものについては、アメリカで購入せずとも、日本で上場しているETFを購入することで事足ります。

例えば金投資などは、日本国内で金の現物を保管して価値を保証している「**金の果実（1540）**」というETFなどがあります。

日本のETFも活用しよう

主要な
インデックスは
日本国内でETFが
上場されている
場合もある

上場インデックスファンド米国株式（東証上場）

S&P500に連動する形で
投資するETF
日本円のまま購入可能

「S&P500とドルレート」
両方の変動の影響を受けて
価格が決まる

銘柄数	約500
対象インデックス	S&P500
経費率	0.15%
純資産総額	約211億円
通貨	日本円換算

投資対象は全く同じ！

VOO（NYSE上場）

S&P500に連動する形で
投資するETF
USドルで購入可能

価格の変動は、S&P500
そのものの値動きが影響

銘柄数	約500
対象インデックス	S&P500
経費率	0.03%
純資産総額	約1695億ドル
通貨	USドル

Point

金ETFやアメリカ以外の海外株式などは
日本のETFで買う方がシンプルで
わかりやすい

12 ＥＴＦの分配金はどのように決定する？

ＥＴＦの分配金については、それぞれの銘柄から出た株式の配当金がＥＴＦ内に一度支払われ、そこから諸経費などを引いた後にＥＴＦの保有者に「１口あたり◯ドル」の形で分配されていく仕組みになっています。**ＥＴＦの分配金は個別株と同じく、基本的に年４回、ＵＳドルの形で現金が支払われます。**

この分配金の金額は毎回変動し、上がることもあれば下がることもあります。というのも、ＥＴＦは数多くの銘柄を組み入れており、その銘柄それぞれの配当金額や組入比率もタイミングごとに異なるため、複雑な要素が絡み合って最終的な分配金が決まることになるからです。

ＥＴＦの分配金は変動する

例えば配当金の利回りが高い銘柄が組み入れられていたとして、その銘柄の比率が何らかの理由で３％から２％に下がれば、その分ＥＴＦとしては分配金が低くなります。

他にも、配当利回りが高い大手企業の銘柄が、経営不振などを理由に減配や無配になった場合、これもまたＥＴＦ全体として見て分配金は低くなります。

ということで、**短期的に「ＥＴＦが減配する」ということは普通にありえる話**です。米国全体に投資するＥＴＦのＶＴＩも、推移を見ると短期的な増配・減配を繰り返しつつ右肩上がりで上昇しています。

ＥＴＦの場合、個別株よりも長期的な目線で物事を見る必要があります。減配したとして、それが一時的なものなのか、それとも長期にわたって影響するものなのか？　その辺を考慮してからＥＴＦの積立停止や売却などを考えたいものです。

ETFの分配金の仕組み

**ETFでは、配当金のことを「分配金」と呼びます。
(英語では、配当金と同じくDividendです)**

■米国全体に投資するETF「VTI」過去20年間の分配金の実績

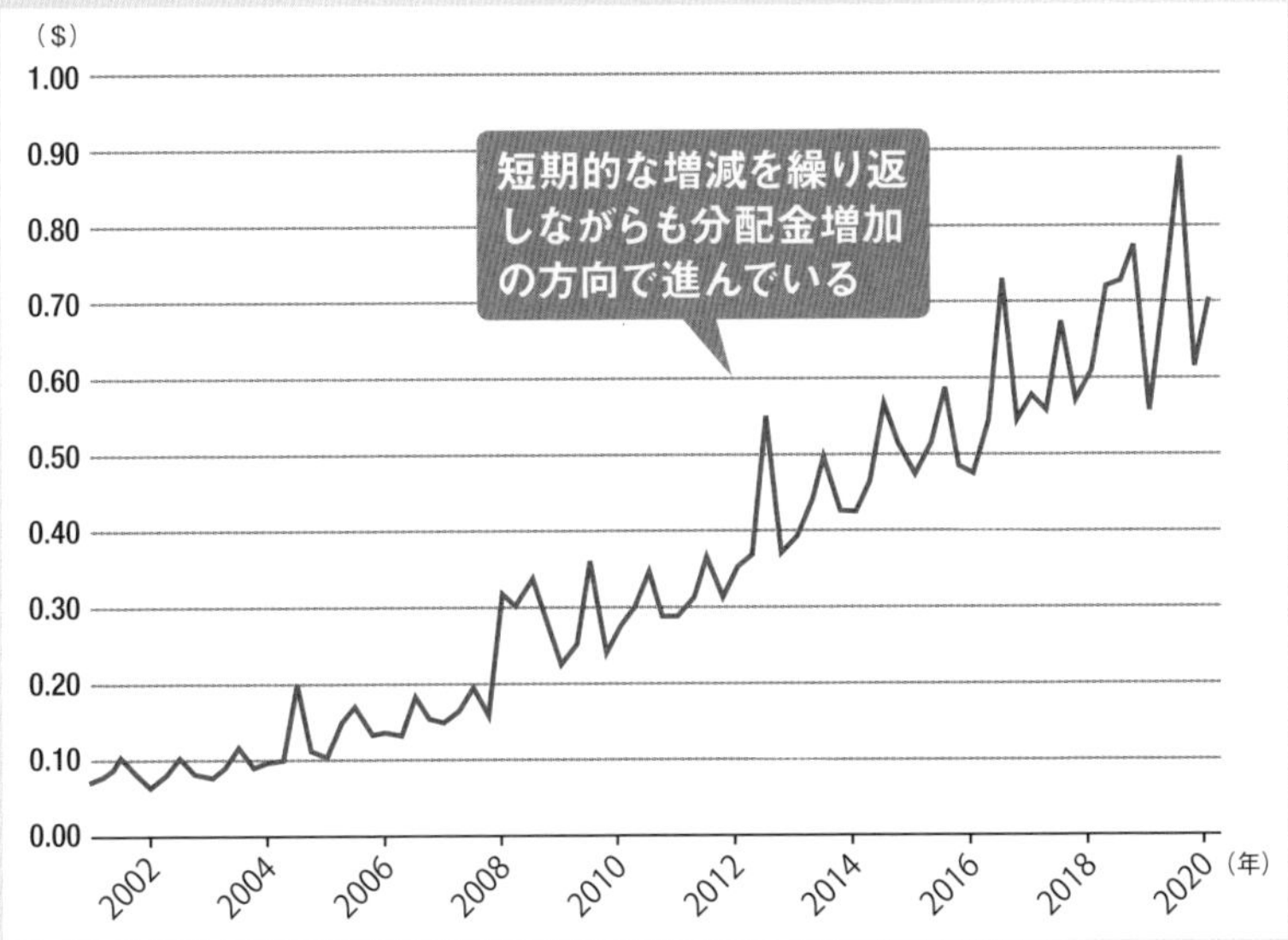

Point

**ETFは短期的には減配することも
ありえる。長期で見て「増えているのか」
「減っているのか」が重要!**

COLUMN

年金基金も米国株に投資している

みなさんが老後のために積み立てている年金の一部は、米国株で運用されていることをご存じでしょうか？　徴収された年金は現金として寝かせているわけではなく、株式・債券への投資で常に運用されています。年金積立金管理運用独立行政法人（GPIF）の2019年度業務概況書によると、その運用総額は約150兆円にも達しており、実質的な運用利回りは2.39%です。基本的なGPIFのポートフォリオ・投資比率は次のとおりです（運用状況により、実際の比率は異なります）。

国内株式　25%　外国株式　25%

国内債券　25%　外国債券　25%

基本は4資産均等型※の形で運用されており、もちろんこの外国株式の大半は米国株が対象となっています。米国株は長期的に見て上昇を続けているため、預かった年金を長期的な観点で増やしていくというGPIFの運用方針にマッチしているからです。運用方針はウェブサイトから簡単にチェックできるので、みなさんの投資の参考にしてみるのも面白いかと思います。

時々、短期の下落だけを取り上げて「年金が株で暴落」という論調のニュースが報道されることがあるのですが、長期で見ると損益が大きくプラスのままだった……ということも珍しくありません。こうした短期的な目線と長期的な目線の違いは、個人投資家の資産にも当てはまるところです。短期的な下落のニュースを見た時は、10年以上の長期で見てどうなっているのか、確認するクセを付けておくと安心です！

※4資産均等型…国内株式、国内債券、外国株式、外国債券への投資割合が均等になることを基本とすること

CHAPTER 4

第4章
米国株・個別株投資のススメ

01 インデックス投資だけじゃない！個別株投資の魅力とメリット

さて、前章は市場全体に投資するインデックス投資がメインの解説でしたが、この章では単体の銘柄に投資する「個別株投資」をご紹介します。

個別株投資の魅力は、「高成長」と「高配当」です。勝ち組銘柄は、日本企業の比ではないくらいに株価が上昇します。それこそ株価が数倍どころか、数十倍、果ては100倍以上に成長したものもあり、こうした銘柄にうまく投資できれば、短期間で自分の資産を大きく増やすことができます。

より短期間で資産を増やしたい、高い配当金を得たい！という場合は、個別株投資にチャレンジしてみましょう！

インデックス投資より高利回り

また、個別株には高い配当利回りの銘柄がいくつもあります。長年安定配当を付けてきた連続増配銘柄でありながら、6~7%の高い利回りをキープしているものもあります。

インデックス投資は幅広く分散投資をするため、どうしても配当金が低かったり、配当金そのものが出ない企業の株式も含まれ、自然と配当利回りが低くなります。個別株なら、高利回りの実現が可能です。

保有コストが違う

もう1つ、**個別株の保有にはコストがかからない**というメリットもあります。

ETFの場合、運用する企業に支払うコストがかかりますが、個別株は保有し続けても一切かかりません。ネット証券会社は口座維持費も無料ですし、一度購入すれば（企業が続く限り）永遠に保有が可能です。

個別株投資の魅力とメリット

個別株の魅力は……

- **短期間で高成長する株に投資できる**
- **安定配当＋高配当株に投資できる**

個別株のメリットは……

- **株の保有にコストがかからない**

どんな個別株が狙い目？

グロース株

事業拡大中で、
株価上昇が期待できる
新興株

**ITやヘルスケア系に
多い！**

バリュー株

安定運営を続けているが
株価が割安な状態に
落ち着いている株

**高い利回りが
キープされている
ことが多い！**

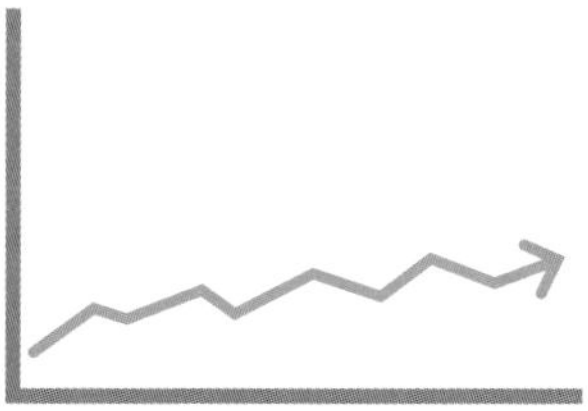

Point

**インデックス投資よりも
より大きなリターンとチャンスがある！**

02 押さえておきたい個別株投資のリスク

もちろん、個別株投資にもリスクがあります。

まず、個別株に投資することにより受けやすくなる、**企業単体の価格変動リスク・破綻リスク・減配リスク**などが挙げられます。企業単体で株価が急上昇する可能性があるということは、逆にいえば単体で大きく下落することもありえるということです。

例えば決算の不調や、会計・製品の不祥事による下落、配当金の減額や停止による投資家心理の悪化、そして経営破綻などがあります。

過去に粉飾決算によって倒産したり、上場廃止になった銘柄も実際に存在します。もちろんそうした銘柄は暴落し、紙切れ同然になりました。

気付かぬうちに暴落も

こうした企業個別の問題はなかなか事前にわかるものではなく、突然情報が公開されることも少なくありません。

そして、そうしたニュースを受け、個人投資家が行動するよりも先に機関投資家が我先にと売却することにより、翌朝気付くと株価が暴落していた……なんてこともあります。

個別株でも分散投資

このようなリスクを回避するのが、分散投資、インデックス投資ですが、複数銘柄に投資することで個別銘柄の暴落リスクを回避できる代わりに、高成長・高配当という魅力が低くなってしまうわけですね。

個別株に投資する場合でも、1銘柄に全資金を投入するのは危険なので、**個人レベルでも複数銘柄を保有・運用していくといった、銘柄分散が必要**となります。

しっかり押さえておきたい個別株のリスク

❶価格変動リスク

購入後に何らかの理由で価格が
変動する可能性のこと

➡個別株では大きく下落する場合もあるし、
大きく上昇する可能性もある！

重要度 **中**

❷破綻リスク

経営不振による企業の破綻、上場廃止などの
可能性のこと。粉飾決算などによる上場廃止も

➡購入した株式は無価値になる！

重要度 **低**

❸減配リスク

経営上の判断により、
配当金が減らされる・停止されること

➡安定配当を理由に個別株を買う場合は
減配は大きなリスクになる

重要度 **中**

**これらを軽減するためには
「分散投資」が必要不可欠！**

Point

**個別株のリスクを軽減する投資方法が
「インデックス投資」になる。
安全とリターン……どちらを選ぶか！**

03 株価10倍・20倍が狙える！米国株を代表するGAFA

アメリカの株価の成長を支えるエースは、なんといってもIT企業のテクノロジー株です。

シリコンバレーのように、IT系の人や企業が集まって成長しやすい土壌のあるアメリカでは、世界に大きな影響を与えるテクノロジー企業が今も数多く誕生しています。

成長し続けるGAFA

近年、GAFAと呼ばれるテクノロジー最大手企業は、株価もいちじるしく成長しています。検索エンジンサービスの**グーグル（G）**、通販サイト最大手の**アマゾン（A）**、世界規模のSNSを運営する**フェイスブック（F）**、iPhoneやMacのメーカーである**アップル（A）**の頭文字を取って「GAFA」です。

もちろんこれ以外にも、大きく成長しているテクノロジー銘柄がたくさんあります。2000年代に数多く生まれたインターネットを活用したテクノロジー企業のうち、ドットコムバブルを乗り越えた企業は今やアメリカを代表する大企業へと成長しています。

テクノロジー株がここまで大きく成長する理由の1つは、**インターネットを経由するビジネスはかかるコストが低く、需要があれば無限にビジネスを拡大することができる**からです。

物理的なモノやヒトを扱う企業と比較して、事業拡大や継続のコストが格段に低く、急成長の可能性が大きいのが特徴です。

また昨今の世界情勢から、モノやヒトの移動が困難になり、ビジネスをオンラインで行うという需要が急激に高まっていることも要因の1つですね。

アメリカを代表するテクノロジー株

米国経済・株価の牽引役は
GAFAに代表される
テクノロジー企業の株！

Google

- 検索エンジンと広告事業
- YouTube

世界一の検索エンジンで世界中の情報、ビッグデータを扱う

Amazon

- 通販サイト
- AWS（クラウドサービス）

クラウド事業が大きく成長、通販とクラウドで世界一のシェアを誇る

Facebook

- SNSでの広告事業
- インスタグラム

ソーシャルメディア最大手、毎日17億人以上がフェイスブックを使用中

Apple

- iPhoneやMac
- デバイス販売メーカー

革新的なデバイスの販売がメイン、4社で唯一配当金を支払い中

Point

世界中の情報・ビッグデータを押さえることで急成長、過去には株価10倍・20倍にも

04 次のＧＡＦＡ株候補は？

短期間で大きく成長するテクノロジー株では、次なるＧＡＦＡになる可能性があるベンチャー企業が数多く登場し、米国株の市場で上場しています。

これらの多くは個人投資家が自由に買えるようになっており、すでに上場後に株価が数倍以上に成長したものも多くあります。そういった企業の急成長の恩恵を受けられるのも、個別株投資ならではの魅力です。

今後伸びるのはＳａａＳ

今後伸びてくるテクノロジー株を見つけるうえで、覚えておきたいキーワードは「**ＳａａＳ**」です。

ＳａａＳ（Software as a Service）とは、**クラウド上で提供されるソフトウェアのことで、契約している間だけインターネット経由でサービスが利用できる定額課金のビジネスモデル**です。通販サイトの作成サービスや、ウェブメール、ウェブ会議システム、無料ブログサービスなどがＳａａＳにあたります。

現在、世界的な需要増に伴ってＳａａＳの形態をとっている企業の株価が急成長しており、この中に次のＧＡＦＡが登場するのでは？とも噂されています。

価格変動が激しいテクノロジー株

テクノロジー株は良くも悪くも、価格が大きく上下します。決算の結果が良いと株価が１日で10％も上昇することもあれば、逆に決算の結果が悪かったり、ネガティブなニュースが出たりした場合、10％以上暴落することもあります。

ビジネスモデルを念入りに調べたうえで、投資する銘柄を選定しましょう。

GAFAに続け!

今後、GAFAと同じように
急激な成長＋株価上昇をする
銘柄にはどんなものがあるのかな？

NETFLIX

- オンライン動画配信
- オリジナル作品が多い

定額制の動画配信サービスの先駆け的存在、世界で利用者が2億人に迫る

Uber

- オンライン配車・宅食サービス

日本ではウーバーイーツで有名だが、本体は世界規模のライドシェアサービス

Shopify

- 通販サイト作成サービス

定額料金を支払えば知識がなくても通販サイトが開設できる。世界中で利用者急増中

Zoom

- ウェブ会議システム

新型コロナ直後の外出規制で、株価は2020年初から一時は8倍まで上昇

Point

いずれも短期間で急激な成長をしている。
もちろん株価も短期間で数倍～10倍にも！

05 もちろん「安定配当＋高配当銘柄」の個別株も！

　米国株の歴史は古く、100年以上前から取引されてきました。そうしたマーケットの半分以上は、創業から数十年、あるいは100年以上の老舗企業が占め、今もアメリカの経済を支えています。食料品や医療品などの生活必需品や小売業、エネルギー企業や製造業などですね。

　こうした銘柄は、テクノロジー株と対比して「**オールドエコノミー**」と呼ばれることがあります。

　このような企業のキーワードは「**安定**」です。ベンチャー企業と違い、社会に根付き、ビジネスモデルを築き上げているため、ちょっとやそっとでは暴落や破綻などしない安定感があります。

オールドエコノミー銘柄で安定収入

　安定は、投資家にもたらす配当金にも当てはまります。**安定的な配当金支払いや、毎年増配を続けている企業の大半はオールドエコノミーの銘柄**です。

　また、株価の極端な上昇がない代わりに、暴落の可能性も低いため、これらの企業の株を持ち続けることで安定収入を確保できるようになります。

　長期的な視点で見ると米国株全体は上昇を続けているので、5年、10年という長いスパンにはなりますが、株価上昇の恩恵も受けていくことができます。

　銘柄によっては、安定配当でありながらも高配当のものもあり、そうした個別株に投資することで利回りの高い投資が可能です。

　テクノロジー株がキャピタルゲイン狙いなら、オールドエコノミーはインカムゲイン狙いの投資、ということですね。

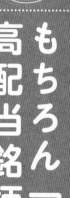

ニューエコノミーvs.オールドエコノミー

ニューエコノミー　（テクノロジー株）

これまでになかった新しい産業で、
多くはインターネットを使ったIT企業

成長を重視し、株価を上げることで株主に貢献

➡配当金を出さない企業が多い

オールドエコノミー

製造業や小売業・インフラなど、
古くから存在する安定業界・企業

長期間にわたって安定配当を続ける企業が多い

➡長期保有で株価上昇＋配当金収入

オールドエコノミーの大企業は事業が成熟しているため
成長よりも安定的な株主貢献を目指す企業が多い

安定配当＋高利回り

これを実現している大企業も存在する！

Point

**米国株は2極化が進んでいる！
株主貢献の傾向もそれぞれ異なる**

06 誰もが知っているあの銘柄も「安定配当」な個別株

第1章でもお話ししたとおり、みなさんもご存じのアメリカの大企業の中にも、こうした安定配当銘柄として有名な企業が数多くあります。その実例をいくつかご紹介しましょう。

P&Gは64年連続増配

日用品大手**P&G**や**ジョンソン・エンド・ジョンソン**（J&J）も、老舗の安定銘柄です。P&Gは64年連続増配を続けており、J&Jは58年連続増配です。

飲料事業の**コカ・コーラ**も同じく58年連続増配の記録を保持しているし、ペプシコーラの**ペプシコ**も48年連続増配企業です。

他にも小売業のウォルマートやコストコ、ファストフードのマクドナルド、保険業のアフラック、エネルギー系大企業のシェブロンなども数十年以上にわたって連続増配を続けている安定銘柄です。

また、テクノロジー株ではありますが、その中では歴史の長いマイクロソフトも、２００２年から18年連続で連続増配を続けています。

これらの企業は言わずもがな、安定的な経営を続けており、長期間にわたって株主に貢献している企業です。

日本ではほぼ無名の企業も

ここではご紹介しきれないほど、連続増配を続けている安定企業がアメリカには数多くあります。20年以上連続増配を続けている企業だけでも、１６６社も存在します。

日本ではほぼ知られていない地元経済に根ざした安定企業も多く、それらの企業の銘柄への投資も有力な投資方法です。

あの有名企業も安定配当中!

ジョンソン・エンド・ジョンソン

- **ヘルスケア製品**
- **コロナワクチンの開発**

日本を含む世界中に展開

連続増配58年目

マクドナルド

- **ファストフード店**
- **フランチャイズ展開**

世界規模でフランチャイズを展開するレストラン事業

連続増配44年目

コカ・コーラ

- **飲料の製造と販売事業**
- **フランチャイズ展開**

ブランドのフランチャイズを世界各国に展開

連続増配58年目

スリーエム（3M）

- **自動車やインフラなど幅広い工業製品の事業**

産業向けから個人向けまで幅広い製品の製造・販売

連続増配62年目

事業が成熟していながらも
配当金を支払えるのは、
安定的な利益を上げているから！

Point

これらオールドエコノミー企業も過去数十年で株価が成長。ゆるやかな成長＋安定配当収入の恩恵を得られる投資対象！

07 個別株でも世界中に投資できる

第1章3項で、グローバルに展開する米国企業に投資すれば、世界全体の成長の恩恵を受けることができるというお話をしました。ここでは、その具体的な銘柄について見ていきましょう。

例えば、グーグルは米国企業ですが、国内での売上は全体の半分以下です。実に売上の半分以上は、新興国を含む世界各国で発生しているということになります。

そうなると、このグーグル株は、世界経済が成長し続ける限り、その成長の恩恵も取り込みつつ成長し、利益を生み出してくれるはずです。

また、ヘルスケア企業の最大手であるジョンソン・エンド・ジョンソン（J&J）も、国内と国外の売上がほぼ半々です。

国外の売上比率が高い企業

さらに、マクドナルドは国内の売上が全体の37％で、残りの63％は日本を含むその他の海外となっています。

他にも、アマゾンは国内の売上が69％、国外が31％です。そのうち6％が日本での売上です。

世界規模の事業に投資する

こうしたグローバル企業に投資することは、アメリカの個別株でありながらも、世界各国での事業に投資をすることになり、各国からの売上の恩恵を受けられるということでもあります。

個別株は、グローバル企業とアメリカ国内に根ざした企業に分かれています。どちらも成長市場ではありますが、世界の成長の恩恵を受けたいのであれば前者への投資を検討しましょう。

個別株でも世界に投資できる!

大企業が安定的な利益を上げられる理由は
世界全体の成長にある！

【例1】グーグルの世界各国の売上比率

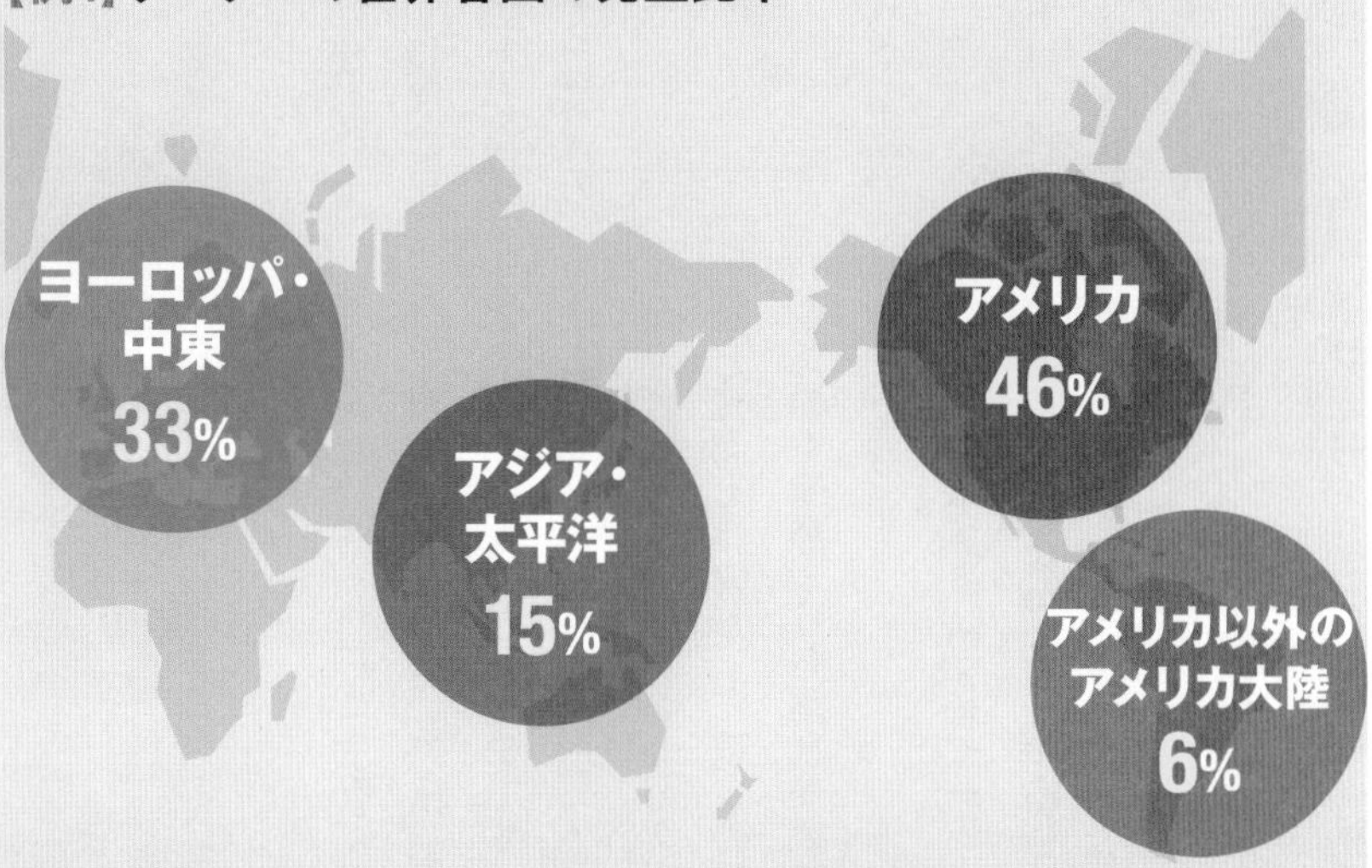

【例2】ジョンソン・エンド・ジョンソンの国内・国外の売上比率

アメリカ国内の売上：51.3%
アメリカ国外の売上：48.7%
新興国への投資や事業拡大も！

Point

グローバル企業に投資すれば
人口が増えていく新興国も含めて
世界中に投資できる！

08 知っておきたい基礎単語①米国株ではこう呼ぶ

株式銘柄を選定する際に使われる、その企業の財務状況を示す指標は日本とは違う略し方をすることがあります。呼び方を覚えておくと株式の選定時に便利です。

PERやPBRの表記は？

「**PER**」とはその株式が割高か割安かを示す指標で、「○倍」という形で表されます。PERは1株あたりの利益と株価を比較して計算します。一般的に、この数値が高ければ買われすぎで割高、数値が低ければ割安と評価されます。

元々は「Price Earnings Ratio」ですが、米国株では「**P/E Ratio**」と表記されることが多いです。

「**PBR**」も株式の割高・割安を示す指標です。1株あたりの純資産額と株価を比較して、現在の株価が企業の資産額よりも割高か割安かを示す数値です。

元々は「Price Book-value Ratio」ですが、「**P/B Ratio**」「**P/Book**」の表記が多いです。

指標はあくまで参考程度に

PERやPBRはその銘柄の割高感・割安感を示すことでよく使われますが、実際には割高であっても株価が成長していくテクノロジー株も存在します。

また、不況時はPERが上昇することが多くあり、見かけ上は割高でも、不況を脱却してその後株価が数倍に成長する……ということもあります。

そのため、**必ずしも単純に数値の高い・低いで購入する判断を下せるものではない**のですね。あくまで、PERとPBRは参考程度に押さえておくのが良いかと思います。

個別株　知っておきたい基礎単語①

日本株でおなじみの
株式のデータや単語も、
米国株では違う呼び方をすることが
あるので要注意

PER（株価収益率）

➡英語での表記はP/E Ratio

企業の利益と株価を比べて、
今の株価が割高か・割安かを測る指標

数値が高い（15倍以上）と割高株、
数値が低い（15倍以下）と割安株だといわれる

PBR（株価純資産倍率）

➡英語での表記はP/B RatioまたはP/Book

企業の資産価値と株価を比べて、
今の株価が資産価値より高いか低いかを測る指標

数値が高い（1倍以上）と割高株、
数値が低い（1倍以下）と割安株だといわれる

Point

PER・PBRはあくまで参考数値。
数値上は割高水準といわれても、
大きな上昇を続ける場合もある

09 知っておきたい基礎単語②
日本株との扱いの違いに注意！

「**ＥＰＳ**」とは1株あたりの利益を示す指標です。これは**1株あたり年間何ドル稼いでいるかを示す指標**で、その企業の収益性を測ることができます。

企業の規模、つまり時価総額に左右されることなく、ＥＰＳの大小で、収益性が高いか低いかを測ることができるというものです。

米国株では略さず、「**Earnings Per Share**」と表記されることがあります。米国株の場合はドル表記なので、日本株のＥＰＳの日本円表記とは数字の桁が変わることに注意が必要です。

株主の資金から利益が出ているか

「**ＲＯＥ**」は、**株主が投資した資金をいかに効率良く使って利益を生み出しているかを測る指標**となります。%で表され、数値が高いと効率性が高いと評価されます。元々は「**Return on Equity**」ですが、これは日本と同じく「ＲＯＥ」と表記することが多いようです。

利益に対する配当金の比率

「**配当性向**」とは**利益のうち、配当金としてどれぐらい支払っているかを%で表した指標**です。この数値を見ることで、株主にどれだけ配当金の形で還元しているのかを測ることができます。

成長過程にある新興株は配当金を支払わないことが多いため、配当性向はゼロ、もしくは低くなり、安定企業や連続増配銘柄では、配当性向は安定して高い水準にキープされることが多いです。銘柄が成長株か安定株なのかを加味したうえでこの数値を見るのが得策です。

米国株では、この配当性向のことを「**Payout Ratio**」と呼びます。

個別株　知っておきたい基礎単語②

EPS（1株あたりの利益）

➡元々はEarnings Per Share

その年の純利益を発行されている株数で割ったもので、
1株あたり、どれぐらいの利益を出しているのか測る指標

日本株の場合は日本円表記だが、米国株の場合はUSドル表記ということに注意（数字の桁が違う）

ROE（株主資本利益率）

➡元々はReturn on Equity

株主が投資した資金（自己資本）から、
どれだけの利益を生み出せているかを測る指標

一般的には10%以上だと投資資金を有効に活用できていると評価される！

配当性向

➡英語ではPayout Ratio

利益のうち、株主に配当金として
どれぐらい支払っているかを示す指標

安定株はこの数値が高く、成長株はこの数値が低くなる（配当より成長を重視するため）

Point

これらの単語と数値は個別株投資ではとても重要。欲しい銘柄の数値は自分でも調べられるようにしておこう

10 株価を左右する米国株の統計・決算

個別株に投資するなら、株価に影響するイベントに注目しましょう。月初に発表される「**米国雇用統計**」は、アメリカの失業率などを発表するもので、国内の景気の実態を表す指標としてよく利用されます。

この雇用統計の結果が予測よりも悪い場合、「景気が悪化している→リスク回避のために株を売る→平均株価が下落する」といった動きが起こります。

また、米国株市場の規模は世界最大なので、この雇用統計の結果がひいては日本株を含めた他国の株価にも影響します。

個別株の「決算」も同様に、株価を大きく左右するイベントです。決算は四半期ごとに年４回発表され、売上や純利益、ＥＰＳなどの数値が公開されます。

こうした決算は事前に数値が予測され、その予測よりも良かった・悪かったという結果からすぐさま株価が大きく変動します。

米国株の場合、四半期のことをクォーター(Quarter)と呼び、「２０２１　１Ｑ」「２０２１　２Ｑ」などと表記することが多いです。

個別株ごとの決算スケジュールは、証券会社のウェブサイトでも公開されているので、自分の持ち株の決算日をメモしておくと良いでしょう。

速報を日本語で発信

雇用統計や主要な銘柄の決算の情報を、**速報として日本語で伝えてくれるニュースサイトや個人投資家もたくさん存在します。**

それらをチェックやフォローしておくと、雇用統計や決算が株価に与える影響をリアルタイムで確認できるのでオススメです。

米国株の統計発表と決算

株価に影響を与えるイベントごと。
詳しい内容は速報でわかりやすく
伝えられるので、まずはスケジュール
だけでも把握しておこう

米国雇用統計

「アメリカの今の景気」を表す注目度の高い発表

この内容はアメリカの中央銀行FRBの金融政策にも影響を与える重要指標

時期	毎月第1金曜日
内容	失業率や非農業部門就業者数
影響範囲	米国株全体

企業の決算

米国企業は３カ月に１回経営・財務状況を公開する

数値は事前に予測値が出ており、
予測を上回ると株価上昇、
予測を下回ると株価下落する

時期	四半期ごと(3カ月に1回)
内容	売上、純利益、EPSなど
影響範囲	その株単体

Point

GAFAのような超大型株の場合、1社の決算が米国株全体に影響を与えることも

COLUMN

粉飾決算や減配リスクへの対策

個別株投資の場合、思いもよらない事実で株価が暴落することがあります。例えば、粉飾決算が発覚し、企業と銘柄への信頼感が失われ、株価も暴落する……といった事態です。それほど頻繁に起きることではありませんが、かつて年間売上1000億ドルの巨大企業、エンロン社の株価が粉飾決算の発覚により暴落、1年足らずで破綻するという「エンロン事件」がありました。近年でも、NASDAQに上場していた中国系の企業の粉飾決算が発覚し、上場廃止が決定するという事件もありました。

こうしたこと以外にも決算が悪かった、政府による規制がかかった、配当金の減額が決定した……ということで株価が暴落することもしばしばあります。個人投資家として、こうした個別株特有の事情や暴落には、どう対処したらいいのでしょう？

結論としては「個人投資家はこうした裏事情を知るよしもない」ため、「結局は分散投資をするしか対策はない」のです。

粉飾決算とは文字どおり、決算の結果を粉飾、つまり内部でごまかしているという悪事ですよね。こうした裏事情を個人投資家が事前に察知することは不可能に近いでしょう。規制の問題や減配の決定なども、同じく事前察知は不可能です。

そうなると、どの企業が粉飾決算をする・しないのかではなく、どんな銘柄でも起きる可能性はある、と考えて投資をしていく方が良いと思います。

個別株特有の事情に対しては、複数以上の銘柄を保有しておくこと、一極集中しないことが何よりの対策です。

CHAPTER 5

第5章

投資信託で米国株を買おう

01 投資信託の形で米国株に投資するのもアリ

ここまでアメリカの個別株・ETFへの投資方法を紹介してきましたが、米国株への投資には、もう1つ方法があります。

それは**投資信託**です。投資信託とは金融商品の1つで、投資家から資金を集めて特定の投資対象（株式、債券、不動産など）に投資していくものです。

投資信託は日本でとても人気のある投資方法で、**海外の投資対象にも日本円で投資することができ、100円からでも積立投資が可能**です。

投資対象は日本国内、先進国、新興国の株式や債券などさまざまな種類があります。そのうちの1つに米国株インデックスがあります。

ETFとどう違う？

例えば**S&P500に投資する投資信託の場合、同じくS&P500に投資するETFと全く同じ対象・比率で投資する**ことになります。

採用しているインデックス（指標）が同じものなので、投資対象も同じとなり、結果的に同じ値動きをします。ちなみに投資信託の場合、価格は「**基準価額**」と呼ばれます。

仕組みとしてはETFに似ていますが、大きな違いは個別株のようにリアルタイムで取引できるか、できないかです。

ETFは1口単位で売買でき、指値注文や成行注文などでリアルタイムなトレードが可能です。一方で、投資信託は値動きが1日1回と決まっており、購入や売却をするにも1日ほどタイムラグが出てきます。

つまり、投資信託はリアルタイムでの売買には向いておらず、あくまで長期投資専用の金融商品ということです。

投資信託で米国株投資

投資信託の仕組み

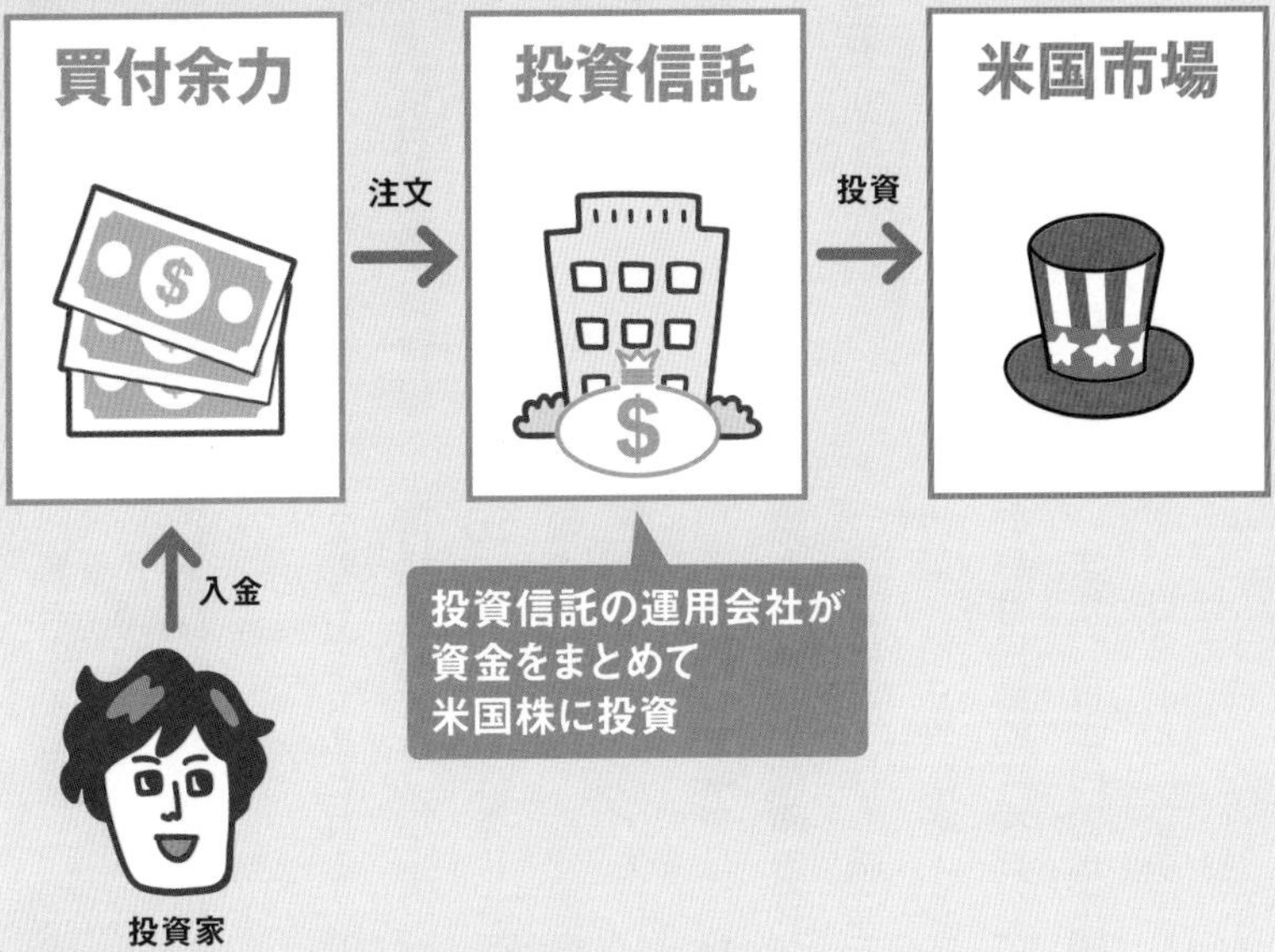

投資信託とETFとの大きな違い

❶投資信託は長期投資専用の商品
❷個別株・ETFのようにリアルタイムな注文ができない
❸自動積立がとても簡単に行える

Point

人それぞれ、最適な方法は異なるもの。
本章を読んで、投資信託を選ぶかどうか
決めよう！

02 個別株投資と投資信託の違い

投資信託の形でも米国株に投資できる！ では、個別株投資と投資信託のどちらを選ぶのが良いのでしょうか？ これについては、「投資の目的次第」です。

まず、投資信託のメリットはこの2つです。

①再投資に税金がかからない
②完全にほったらかしにできる

利益や配当金は再投資される

投資信託で運用した株式の配当金や利益は、投資信託の基準価額に上乗せする形で再投資されます。配当金として支払われることがないため、再投資では日本国内の税金である20・315％は課税されません。課税されるのは、投資信託を最終的に売却するタイミングのみです。

そういう意味では、**投資信託の仕組みの方が税制面で有利**ですね。

投資信託では「積立する金額を決めて、積立設定をする」だけで、後は毎月自動的に投資してくれます。

また、日本円のまま購入可能なので、USドルに交換する必要もなく、ファンド内の投資対象も決まっているため、銘柄の選定もありません。

例えば「S&P500へ投資する投資信託に月3万円投資する」と設定したら、後は何もしなくても投資は継続されます。

老後資金作りなら投資信託

これらを踏まえると、**投資信託は「資産を増やしたい人」「投資を自動的に回したい人」に向いている**といえます。老後や、お金が必要になる備えのために資産を増やしたいなら税制面で有利な投資信託に積立設定をして、後はほったらかしにする、というのが合理的な投資方法です。

個別株投資と投資信託の違い

個別株投資のメリット

❶成長の大きな銘柄に自由に投資できる
❷配当金収入を得ることができる

投資信託のメリット

❶再投資に税金がかからない
❷自動で積立投資ができる（ほったらかし投資）

どちらを選ぶかはみなさんの「目的次第」

積極的に
米国株に投資して、
キャピタルゲインや
配当金収入をどんどん
得ていきたい！

面倒なことを
なるべく省いて、
基本はほったらかしで
自分の資産を増やして
いきたい！

個別株投資

投資信託

Point

それぞれにメリットがある！
両方試して、より自分に合った方法を
選ぶのもヨシ！

03 個別株とETF、投資信託の違い

個別株とETF、投資信託の違いを整理してみましょう。大きくはこの4つに分類されます。

①**米国個別株　（アメリカで上場）**
②**米国ETF　（アメリカで上場）**
③**国内ETF　（日本で上場）**
④**投資信託　（日本で販売）**

個別株&ETFと投資信託の最大の違いは、配当金の利益の支払い方です。**個別株&ETFは両方とも、配当金が現金で支払われます。**米国株・ETFの場合はUSドル、国内ETFは日本円で、それぞれ証券会社の口座に支払われる動きです。

対して投資信託の場合は、前項で説明したとおり利益が自動で再投資され、投資信託の元本、つまり基準価額の中に組み入れられることになります。

「毎月分配型」は要注意

注意すべきは、**投資信託の中には元本を取り崩しても分配金を支払う「毎月分配型」というものがある**ことです。

これは、投資の利益が出ていなくても決められた分配金を投資家へ支払うもので、投資元本が目減りするため、**資産を増やすことに最も向いていない**投資だとされています。

ETFではこうした元本の取り崩しはありません。運用益がない場合は分配金もゼロになったりしますが、保有口数が減ることはありません。

近年では、投資信託の購入手数料はゼロのものが多くありますが、**ETFは株と同じく市場で上場されているため、株式の購入と同じように購入手数料がかかります。**

また、保有している間の手数料が不要なのは個別株のみで、ETFと投資信託は手数料がかかります。

それぞれの違いを整理しよう

	米国 個別株	米国 ETF	国内 ETF	投資信託
上場・ 購入方法	米国株式 市場で上場	米国株式 市場で上場	東京証券 取引所で 上場	販売会社 が販売
通貨	USドル	USドル	日本円	日本円
運用利益	配当金 として 受け取る	分配金 として 受け取る	分配金 として 受け取る	自動的に 再投資
利益に かかる税金	配当金 支払いごと にかかる	分配金 支払いごと にかかる	分配金 支払いごと にかかる	再投資では 非課税
購入に かかる手数料	あり	あり※1	あり※1	なし※2
保有中の 手数料	なし	あり （経費率）	あり （経費率）	あり （信託報酬）
最適な 投資目的	高成長・ 高配当 狙い	米国株の 株価上昇と 分配金	日本株や 世界株の 株価上昇	長期投資で 資産を 増やす

※1　証券会社によっては手数料無料のETFもある
※2　ファンドごとに異なるが、近年は手数料無料のファンドが多い

Point

いずれの方法でも米国株への投資が可能。
目的によって投資方法を選ぼう！

04 投資信託にかかるコスト

投資信託でかかるコストには、次の３つがあります。

①購入手数料（購入時にかかるコスト）
②信託報酬（保有している間にかかるコスト）
③信託財産留保額（売却時にかかるコスト）

信託報酬は必ず発生する

それぞれのコストは投資信託のファンドごとに異なります。最近では①と③の手数料を取らない投資信託も多いですが、**保有している間にかかる信託報酬は、すべての投資信託でかかるコスト**です。このコストは％で表され、保有している金額に応じて１年間で何％かかるか、で計算されます。

例えば、１００万円分保有している投資信託の信託報酬が年１％なら、毎年１万円分が手数料として差し引かれる、ということです。

利益は出なくてもコストはかかる

覚えておきたいのが、投資信託で設定されている**コストは「必ずかかる」**という点です。投資の世界ではコストは必ずかかりますが、利益は必ず出るかどうかはわかりません。

投資信託には投資対象が同じでも、信託報酬が１％かかるものもあれば、０.５％しかかからないものもあります。利益を最大化したいのであれば、投資信託やＥＴＦでは可能な限りコストが低いものを選ぶべきです。

これらを踏まえると、投資信託では**「手数料が低いものが絶対的に有利」**となります。投資信託の形で米国株に投資するのであれば、Ｓ＆Ｐ５００などのインデックスに投資し、手数料の低いものを選びましょう。

投資信託にかかる3つのコスト

❶購入手数料：購入時にかかるコスト

利用している証券会社や、ファンドによって手数料率が異なる

近年の主流は購入手数料無料のノーロード投資信託！
米国株投資なら、手数料がゼロのものを選ぼう

❷信託報酬：保有している間にかかるコスト

ファンドごとで大きく異なる

【例】信託報酬1％のファンドを
100万円・1年間保有した場合

100万円 × 1％ ＝ 1万円

（保有している資産から、差し引かれる形で支払われる）

可能な限り低いものを選ぶのが投資信託では正解！

❸信託財産留保額：売却時にかかるコスト

こちらも近年では無料となっているファンドが多い！

購入・売却手数料は無料と
なっているファンドを
選ぶことをオススメします

Point

投資対象が同じ米国株のインデックスで
あっても、これら3つのコストはファンドに
よって大きく異なるので要チェック！

05 選ぶべき投資信託は？

前項の内容を踏まえて、オススメの投資信託を紹介します。

米国株に投資するうえで手数料が低いものとなると、対象は自然とインデックスに投資するものとなってきます。

オススメの投資信託3つ

①eMaxis Slim 米国株式（Ｓ＆Ｐ５００）

投資信託最大手といえるeMaxis Slimシリーズで、Ｓ＆Ｐ５００を投資対象としたファンドです。

第3章でも紹介したとおり、米国株に投資するならＳ＆Ｐ５００への投資だけでも十分な効果があるため、Ｓ＆Ｐ５００に投資できる投資信託を選ぶのは最良の方法といえます。

②ＳＢＩ・バンガード・Ｓ＆Ｐ５００インデックス・ファンド

同じくＳ＆Ｐ５００に投資する投資信託で対象は同じですが、異なるのは第3章5項で紹介したバンガード社の米国ＥＴＦ「ＶＯＯ」に投資するという点です。

信託報酬が①よりも低いため効率的ですが、販売している証券会社が少なく、主要3社では現在はＳＢＩ証券とマネックス証券のみ購入可能です。楽天証券を利用している場合、①を選ぶことになりますね。

③楽天・全米株式インデックス・ファンド

この投資信託は、第3章5項でも紹介したアメリカ全体の３６００銘柄に投資するＥＴＦ「ＶＴＩ」に投資するファンドです。

そっくりそのまま、ＶＴＩと同じ３６００銘柄に投資でき、同じ投資結果を得ることができます。楽天という名前が付いていますが、こちらは楽天証券以外でも購入可能です。

米国株投資のオススメ投資信託

eMaxis Slim 米国株式（S&P500）

投資信託の人気シリーズ eMaxis Slimで 米国株500社に 投資するファンド

幅広い投資家に人気があり、純資産総額も順調に増えている

銘柄数	約500
対象インデックス	S&P500
信託報酬	0.0968%
純資産総額	約1959億円

SBI・バンガード・S&P500インデックス・ファンド

2019年9月に運用開始された、米国ETF「VOO」に投資するファンド

eMaxisSlimより信託報酬は低いが、購入できる証券会社が少ない（SBI証券・マネックス証券の2社のみ）

銘柄数	約500
対象インデックス	S&P500（VOO）
信託報酬	0.0938%
純資産総額	約881億円

楽天・全米株式インデックス・ファンド

全米株式全体に投資するETF「VTI」に投資信託の形で投資するファンド

3600銘柄に投資できるため分散効果がとても大きい

銘柄数	約3600
対象インデックス	CRSP USトータル・マーケット・インデックス（VTI）
信託報酬	0.162%
純資産総額	約1553億円

Point

投資方法は少しずつ異なるが大前提は分散投資。米国株インデックスで手数料の低いものを選ぼう

06 つみたてNISAで米国株投資をしたい場合は？

　第2章6項では、つみたてNISAという制度があるが、直接米国株に投資することはできない、というお話をしましたが、つみたてNISAでも、投資信託を利用して間接的に米国株に投資することが可能です。

　つみたてNISAは年間の投資枠が年40万円までで、**「長期投資に適している」と認められた投資信託と国内ETFにのみ投資できる**仕組みです。

　つみたてNISAで投資対象となっているファンドは、おおむね失敗はないだろうといえます。

オススメの3ファンドも対象

　前項で紹介した投資信託は3つとも、つみたてNISAの対象ファンドです。いずれも優秀なファンドなので、アメリカ上位500社に投資をするのか、それとも同国全体3600銘柄に広く投資するのか……この基準で、積み立てたいファンドを選べば良いと思います。

NISAは税金面で有利

　税制面でいうと、「NISA制度を使って投資信託に投資する」のが最も効率の良い方法です。投資信託にかかる税金は日本の税金20・315%だけですが、NISA枠で投資した分はその税金も免除され、20年間0%となります。

　再投資の場合も税金はかかりませんし、売却しても現金に換えても、枠内であれば税金はかかりません。

　ただ、すべて再投資されるファンドなので、**配当金収入を得ることはできません。**つみたてNISAは基本的に投資信託に投資するための制度であり、投資信託は資産を増やすために投資するものだからです。

つみたてNISAで米国株投資

	一般NISA	つみたてNISA
年間の非課税枠	120万円	40万円
毎月均等に 投資する場合	月10万円	月3.3万円
非課税期間	投資から 5年間	投資から 20年間
投資できる対象商品※	投資信託、 国内外ETF、 日本株、米国株を 含む外国株	「長期投資に最適」 と認められた 投資信託と 国内ETFのみ
米国株投資で 節税できるもの	配当金利益を得た際 は日本国内の税金 (アメリカの税金は かかる)	すべての売却益

※米国株を対象とする投資信託や国内ETFも含まれるため、米国株への間接的な投資が可能

Point

「米国株に効率良く投資をする」
「完全ほったらかしで資産を増やす」なら
つみたてNISA＋米国株が有利！

COLUMN

コロナショック以降の米国株

2020年初頭に発生した新型コロナウイルスによって、世界は大きく変わりました。

アメリカで感染が拡大した2020年3月頃には株価も暴落し、一時は３割も株価指数が下落しました。このコロナショック以降、アメリカと世界経済はどうなっていくのでしょう？

正直にお伝えしますと、予測することは不可能です。コロナウイルスによって、これほどまでに経済活動が停滞することは誰も予測できていなかったわけですから、この問題がいつ頃解決するのか、それとも解決せずに付き合い続けていくことになるのかはわかりません。

わかっていることは、業績にプラス影響が出ている業界と、マイナス影響が出ている業界に分かれていること、そして先行きの不透明さが増す中で、次の暴落の可能性に向けて備えを万全にしておく必要がある、ということです。

ヒトやモノの移動に直結する航空機業界やエネルギー業界は、業績と株価に大きなダメージを受けました。その反面、テクノロジー業界はコロナ禍でも人々が生活を続けていくためのインフラとして、より一層需要が高まっています。

ワクチンのような完全な解決策が生まれるまでは、今後も感染者数の傾向によって経済の動向も大きく左右されると思われます。この状況で個人投資家ができるのは、次の暴落時に狙っていた銘柄を買うためのキャッシュ（現金）を意識的に貯めておくことだと思います（第6章6項参照）。

暴落は考え方によってはチャンスです。チャンスをモノにするためには資金力となる現金が欠かせません。

CHAPTER 6

第6章

怠け者流・米国株投資術

01 短期的な下落は気にせず機械的に米国株投資

さて、この章ではぼく20代怠け者の米国株への投資方針について、詳しくお話をしていこうと思います！

ここまでお伝えしてきた米国株全体の傾向やルールをもとに、ぼくは投資方針を決めています。必ずこのとおり行うべし！　というわけではありませんが、ここで紹介する方法はこれまで数多くの米国株投資家が実践してきた内容なので、間違いないでしょう。

短期的な不景気は気にしない

まず**「米国市場全体は成長していく」という前提があるので、基本はその前提に従う形で機械的に投資**していきます。

短期的な不景気や下落が来ても、これまで景気後退を乗り越えてきた米国株なら「復活して株価が上昇に転じる可能性が高い」と考え、そのまま投資を続けます。

未来予測は不可能

ぼく個人は**「未来のことは誰にも予測できない」「しかし過去のデータは確実にわかっている」**というスタンスを持っています。米国経済が今後も伸び続けるのか、それとも衰退をたどることになるのか……ということは誰にもわかりません。

同様に個別株でどの銘柄が数年後に数十倍になるのか、どの国の株価指数が伸びていくのか……ということも予測がつきません。

しかし、米国株においてはこれまで１００年以上経済が拡大し続け、労働人口も増加し続けており、長期的に株価も上昇してきたという事実があります。

その実績にぼくは投資をしているのだ、と考えています。

怠け者の米国株投資方法

怠け者は常に相場に張りついて
常に考えないといけない投資は苦手！
基本は半ほったらかしでできる
投資を好みます

米国株投資の大前提

❶米国市場は今後もゆるやかに成長していく

❷未来のことはわからないので、予測しても仕方ない

❸過去のデータは確実なので、それに沿って投資していく

次、どの国の株価が伸びていくのか、
次、どんな銘柄が伸びていくのか、
個人がそれを予測するのは難しい

米国株は過去
数十年間で上昇を続けてきた。
アメリカ自体も人口増加するマーケットで
海外の成長も取り込める
グローバル企業が多い

Point

**米国株のインデックスに投資をするのが
一番簡単＆確実！**

02 怠け者流・米国株投資の具体的な流れ

では、実際に米国株に投資している流れをご紹介しますね。ぼくはSBI証券＋住信SBIネット銀行の組み合わせで、投資信託と米国株に投資しています。

サブの口座として楽天銀行も利用していますが、こちらはASEANなどの新興国株や、楽天のポイントを使って投資するために利用しているところです。

USドルの買付→米国株注文

①住信SBIネット銀行の外貨積立サービスで毎週USドルを定額買付する

②数百ドル以上貯まったら、SBI証券へUSドルを移動する

③米国株やETFを注文する

④取引成立した株やETFは長期運用する

⑤配当金のUSドルも、そのままSBI証券で買付に利用する

住信SBIネット銀行では、毎月・毎週・毎日、指定したタイミングで自動的に日本円でUSドルに買付（両替）する外貨積立サービスがあります。住信SBIネット銀行の普通口座に入金しておけば、ここから自動で米国株の買付のためのUSドルを買付できるので便利です。

さらにこのサービスは、為替手数料が1ドルあたり2銭と、かなり低く抑えられます（2020年11月時点での最安コスト）。

積み立てたUSドルが数百ドルほど貯まったらSBI証券に移し、米国株を注文します。対象は安定配当株やETFで、入金した時点で指値注文を出したらほったらかしです。

「米国市場は成長していく」前提のもと、**購入タイミングや価格などは意識せずに積立的に購入**しています。

怠け者流・米国株投資の具体的な流れ

米国株投資のメイン口座は
SBI証券を使っています。
住信SBIネット銀行との組み合わせで、
USドルへの交換が最安コストで
行えるからです

**❶住信SBIネット銀行の外貨積立サービスで
毎週1回、USドルを定額買付**

↓ 日本円をUSドルに交換

**❷住信SBIネット銀行➡SBI証券へ
USドルを移動**

↓ 銀行➡証券会社間のドル移動は無料

**❸事前に決めていた個別株やETFに
買付の注文を出す**

↓ 注文したら後は待ち状態

**❹取引成立した個別株やETFは、
基本的に長期で保有**

↓ 細かい値動きは気にしすぎない

**❺配当金でもらったUSドルは、
そのまま買付のための資金にする**

（→❸へ）配当金はさらに保有株を増やすために使う！

Point

**購入対象は2～3銘柄まで事前に絞って
おく！　事前に決めた投資方針をコツコツ
続けていくことが大事**

03

怠け者の基本戦略は「不景気でも安定配当株を」

株式市場は定期的に、「好景気」「不景気」を繰り返すので、大きく下落する全面株安といった状況も、投資していくうえでは必ず訪れます。ぼくはそうした株安の局面では意識的に、割安になっている安定配当株を買うようにしています。

買うかどうかの1つの目安は「**過去の景気後退を何度乗り越えてきたか**」という事実です。

米国株はこれまで、9回ほどの景気後退（リセッション）に見舞われてきました。そのような危機的状況を乗り越えて、かつそのタイミングでも安定配当を続けてきた記録が長ければ長いほど、今後も安定配当してくれるだろうと期待できます。

新型コロナで無配当に

ただし、**直近の新型コロナウイルスによる経済活動の停滞によって、とうとう耐えきれずに減配、もしくは無配当となってしまった銘柄がいくつかあります。**

例えば、人の移動が停止したことにより航空機の需要がなくなり、配当金が支払えなくなったとして、2020年3月にボーイング社は配当金の支払いを完全に停止しました。

その他にも、石油メジャーであるロイヤル・ダッチ・シェルは、80年間安定配当を続けていましたが、ついに減配を発表しました。

今後、**新型コロナ問題に耐えられる企業と、耐えきれない企業（コロナ問題が直撃する業種）に分かれることが予想されます。**

こうしたことを完全に予測することは難しいので、やはり安定配当株であっても分散投資しておき、1つの銘柄に集中するリスクを避けることを考えた方が良さそうです。

不景気でも安定配当株を買う

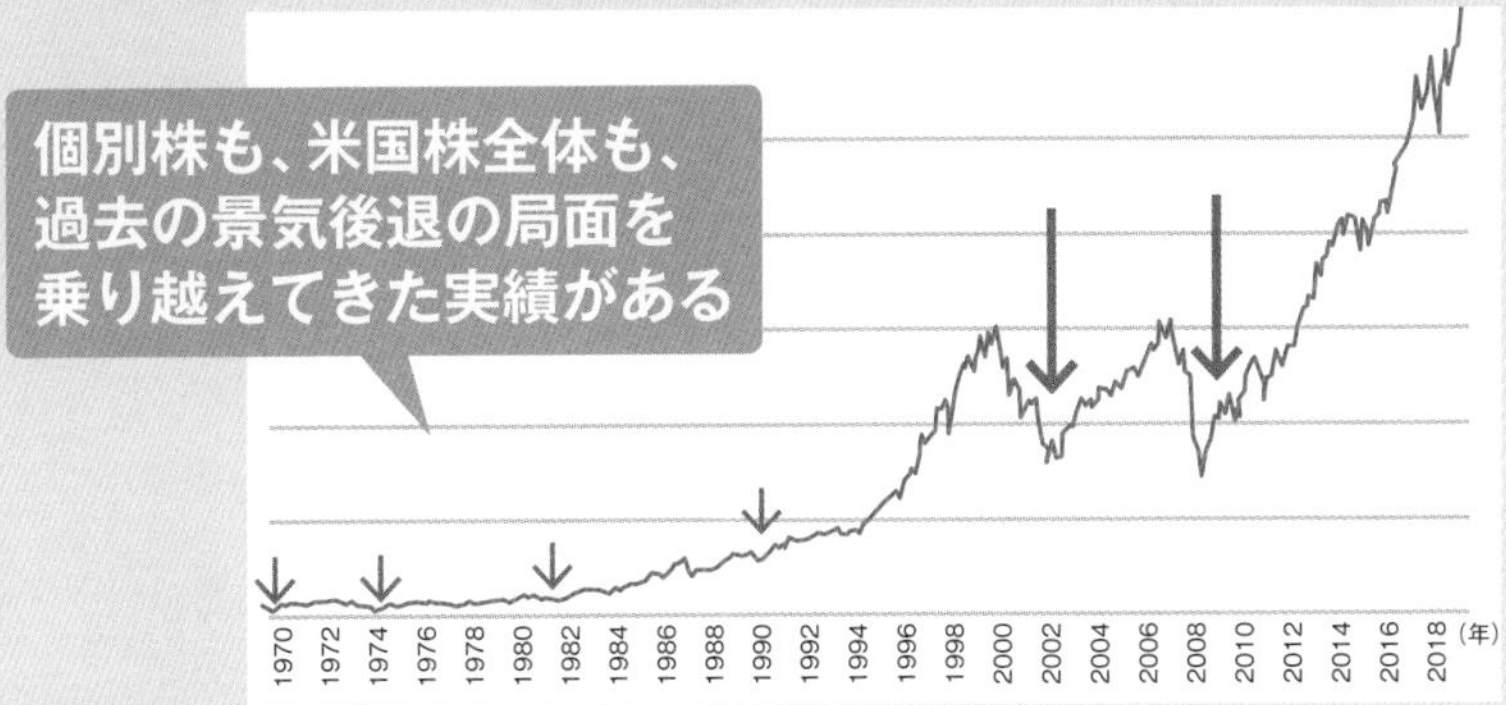

不景気時でも安定配当を
続けてきた企業については、
「今後も可能な限り
安定配当を続けてくれるだろう」
という安心感に投資しています

安定配当株であっても、不景気時には株価が下がる

しかし、それは企業の問題ではなく景気の問題なので、
景気が回復することで自然と元に戻る

➡不景気時は、安定配当株を安く買うチャンスでもある

要注意 **アフターコロナの安定配当は？**

2020年初頭以降のコロナウイルスの影響で、
安定配当を停止してしまう企業も出てきている

可能な対策は……

①コロナの影響を直接受けない安定事業に投資する

②安定配当株の中でも分散投資する

04 怠け者の損切り基準は？

株式投資は、すべてが成功するとは限りません。株価上昇や安定配当などの目的を果たせそうにない銘柄は、損切りという形での売却も必要となります。

損切りラインは20％

ぼくの株式の損切り基準としては、次の2点が挙げられます。

①市場の暴落以外の理由で、株価が20％以上下落したもの

②減配や無配転落して、本来の目的を果たせなくなったもの

損切りラインを「20％下落」としていますが、市場全体が暴落するタイミングは安定配当株であっても20％近い下落がありえます。

そのたびにすべての株式を売るのはただの狼狽売り（市場下落が怖くて株を手放すこと）になってしまうため、市場全体の暴落の時は、損切りや売却は基本的にしない方針にしています。

ただ、安定配当を見込んで購入した銘柄が経営不振などで減配・無配になり、株価が20％近く下落してしまった時は、泣く泣く損切り対象にすることもあります。

目的をはっきりさせておくこと

安定配当株が減配・無配転落すると、本来の投資目的が果たせなくなります。キャピタルゲイン狙いなら、決算不調による株価の落ち込みはその目的を果たせなくなったことを意味します。

株式購入時に目的を定めておかないと、下落時に売れずに持ち続けてしまうということになりかねません。

新しい銘柄を買う前に目的と損切りのラインを決め、ここでもまた機械的に損切りを行うのがベストです。

怠け者の損切り基準

①市場の暴落以外の理由で
株価が20%下落した
②減配・無配転落して
本来の目的を果たせなくなった

株式購入前に、その銘柄を選ぶ目的をしっかり定めよう

- 株価の上昇で利益を得る（キャピタルゲイン狙い）

➡期待に反して株価が下落したら損切り

- 安定的な配当金を得る（インカムゲイン狙い）

➡減配・無配になったら損切り

もし、目的と損切り設定が曖昧だと……

目的を果たせないまま放置される株、
通称「塩漬け株」が生まれることになってしまう。
早く損切りして、その資金をインデックスや
確実な投資方法に回す方が良い

➡自分の資産を眠らせておくのは避けよう

Point

**投資する銘柄を決める際に、
投資の目的と損切りラインを決めて、
それに従って機械的に動くべし**

05 スポット購入と積立購入

もし、手元に数十～数百万円のまとまった資金がある場合、次のどちらの方法で投資するのが良いのでしょうか。

①スポット（一括）購入で一気に全資金を投資する

②積立購入で毎月定額を投資する

ぼくは常に②の積立購入の方をオススメしています。

例えばまとまった金額が２００万円あるとしたら、毎月10万円ずつ積立投資していく計画のもと、20カ月かけて資金を投入していくやり方です。

一気に下落の可能性も

この方法を勧める理由は、「未来のことはわからない」という前提から、「**全資金を今投入すべきか判断できない**」ためです。全資金を一気に投入すると、その後の景気動向によって良し悪しが分かれてきます。

・その後株価が上がれば……一括投資で得をする

・その後株価が下がると……一括投資で損をする

例えば２００万円で一気にＳ＆Ｐ５００のインデックスＥＴＦを買った後、株価が暴落したら、高値で市場平均を買ってしまったということで、資産価値は大きく目減りします。

逆の可能性もありますが、**いつ暴落していつ復活するのかは個人投資家が予測できることではない**ので、**どんなシナリオになってもいいように時期を分散して資金を投入していくのが良い**と思います。これなら、大きな成功もありませんが、失敗もありません。

投資を長く続けることが成功のカギだと考えて、失敗の可能性が低い方を、ぼくは選んでいます。

スポット購入か積立購入か

今、銀行にこれまでに貯めたお金が200万円あります。
このまとまった資金は、どちらの方法で投資をするのがベストでしょうか？

❶スポット購入で一気に全資金を投資する（一括購入）
❷積立投資として、毎月定額で投資していく（積立購入）

❶一括購入

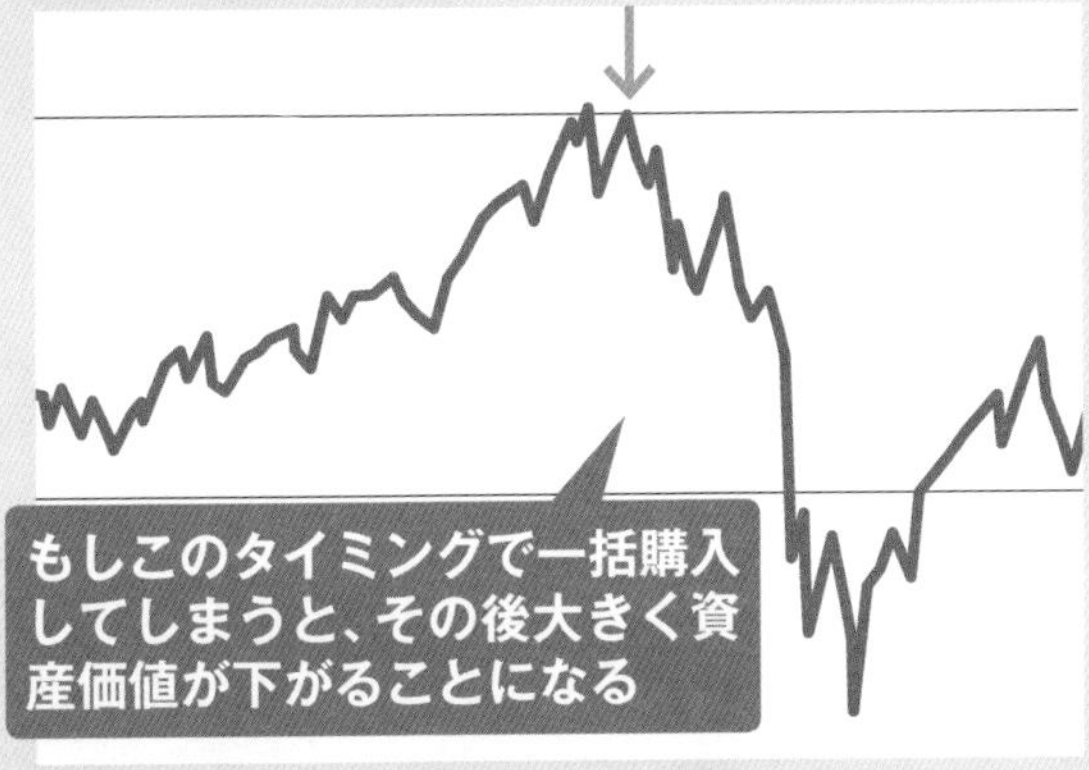
もしこのタイミングで一括購入してしまうと、その後大きく資産価値が下がることになる

一括投資しようとしている今が株価が安いのか高いのかは後になってみないとわからない

➡未来はわからないのでリスクはなるべく回避する

この考えに基づいて、❷積立購入がオススメ

❷積立購入

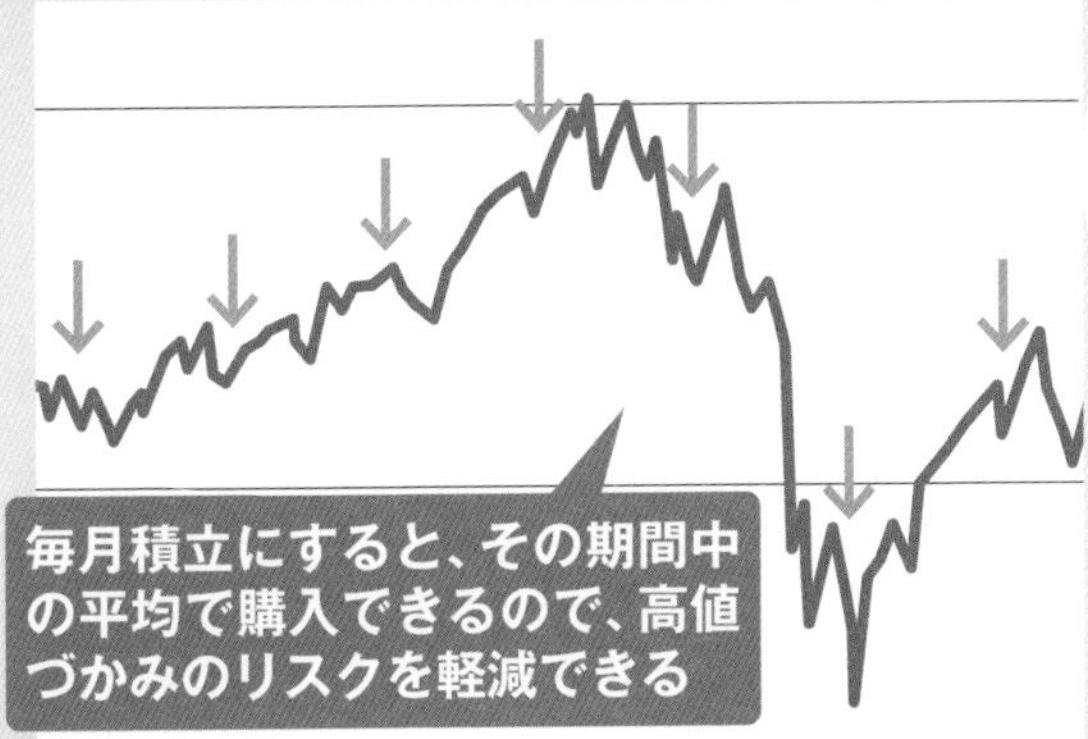
毎月積立にすると、その期間中の平均で購入できるので、高値づかみのリスクを軽減できる

まとまった資金を
・1年間（12ヵ月）
・2年間（24ヵ月）
で割って毎月積立していくスタイル！

06 キャッシュの確保で次の暴落を狙う

米国株が暴落すると、世界各国のあらゆる資産もつられて暴落するため、とても悲観的な雰囲気になります。しかし、**株式投資の世界では暴落時こそ実はチャンス**なのです。見方を変えると、暴落時はさまざまな株が普段よりも割安で購入できるセールのようなタイミングです。

例えば普段は200ドルするような安定配当株が、100ドルで買えてしまう……という状況もありえます。となると同じ投資資金で、普段の2倍の数の株式が買えるということになりますよね。

暴落時のためにキャッシュを保有

ぼくはこうした時のために、**定期的にUSドルのキャッシュを外貨預金の口座に保有**しておくことにしています。これもあらかじめ毎月貯める金額を決めておいて、その金額は投資に回さずにUSドルの形で保有しておくのです。

また、**臨時収入があった時も、ただ貯金するのではなく、USドルの形に交換しておいて、「米国株投資のためのキャッシュ」とわかる形で保有**しておきます。

購入の基準を決めておく

とはいえ、暴落時に株を買うのはなかなか心情的に難しいものです。暴落時は世間も悲観的な雰囲気に包まれているので、ここで大きく買うぞ！　というのはとても勇気がいります。

これを実行するためには、**あらかじめ「この株が○ドルになったらキャッシュから買う」という基準を決めておく**のが良いと思います。ここでも、はじめに決めた方針に従って、機械的に投資するのです。

次の暴落のためにお金を貯めよう

暴落時に起こること

- **市場全体が恐怖感に覆われ、売りが殺到する**
- **株価が軒並み下落する**
- **安定株もつられて下落する**

しかし暴落はチャンスでもある！
普段から欲しい銘柄を買うために、
すぐに使えるキャッシュ（現金）
を貯めておこう！

毎月、数十ドル分を交換、
株式用資金とわかるようにして
貯金しています。
臨時収入なども意識的に
ドルに交換して貯金！

暴落時の恐怖感に耐え、購入するためには……

- あらかじめ「この株が○ドルになったら買う」という目安を付けておく
- そしてそのタイミングが来たら、ルールに従って機械的に買付する

➡株式で資産を伸ばすためには、自分流ルールをしっかり作って、それを守る必要がある！

07 「安定＋チャレンジ」のコア・サテライト戦略

ぼくの投資の方針として**コア・サテライト戦略**というものがあります。

これは、自分の資産の基本となる投資・資産運用の「核」となる部分をコア、高利回りやキャピタルゲインを狙って、成長株などに投資する「衛星」的な投資をサテライトと呼び、両方の投資を同時にやっていこう、というものです。

コアにふさわしいのは？

投資の最終目的は「資産を増やすこと」なので、やはり大部分は安定的な投資をしておく必要があります。

ここでいう安定的というのは、長期的に見て安定的に成長していくという前提なので、**市場全体に投資して、安定的に伸びるインデックス投資がコア**にあたります。

さらに資産の安定を求めるなら**現金や債券・金積立など、株式と比べて変動が小さいものをポートフォリオに含めておく**というのも手です。

サテライトにふさわしいのは？

さて、ぼくはインデックス投資をコアとして、**成長セクターや個別株投資をサテライト**として投資をしています。

具体的には、米国株全体に投資するＥＴＦ「ＶＴＩ」をコア部分としてメインに購入し、近年急激に伸びているテクノロジー株に投資するＥＴＦ「ＱＱＱ」をサテライト部分として購入するようにしています。

個別株もサテライト

また、**高利回り・安定配当を狙って個別株に投資するのもサテライト投資**だといえます。前項で触れたように比較的割安な時があれば、個別株を購入することもあります。

コア・サテライト戦略とは？

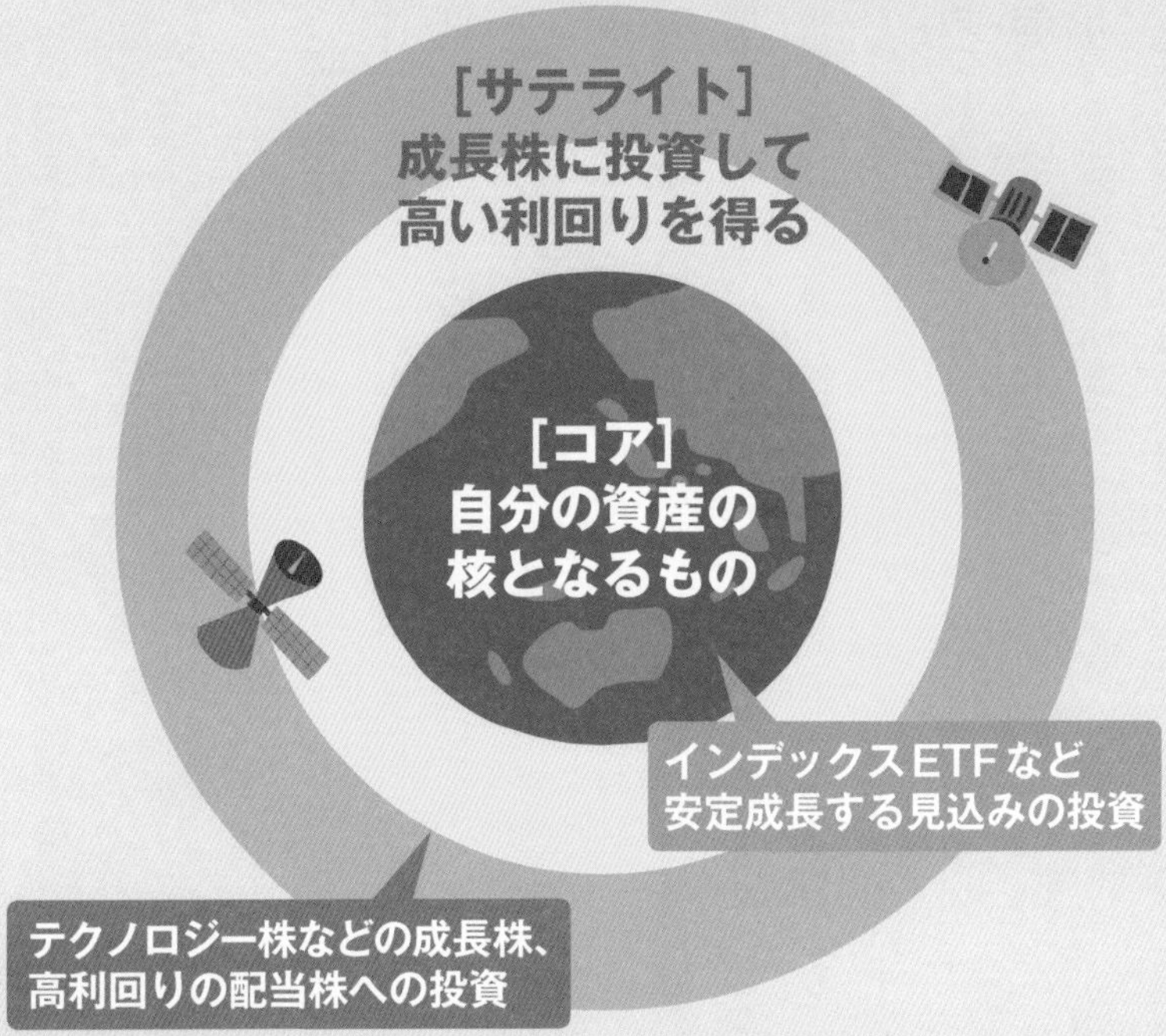
[サテライト]
成長株に投資して
高い利回りを得る
[コア]
自分の資産の
核となるもの
インデックスETFなど
安定成長する見込みの投資
テクノロジー株などの成長株、
高利回りの配当株への投資

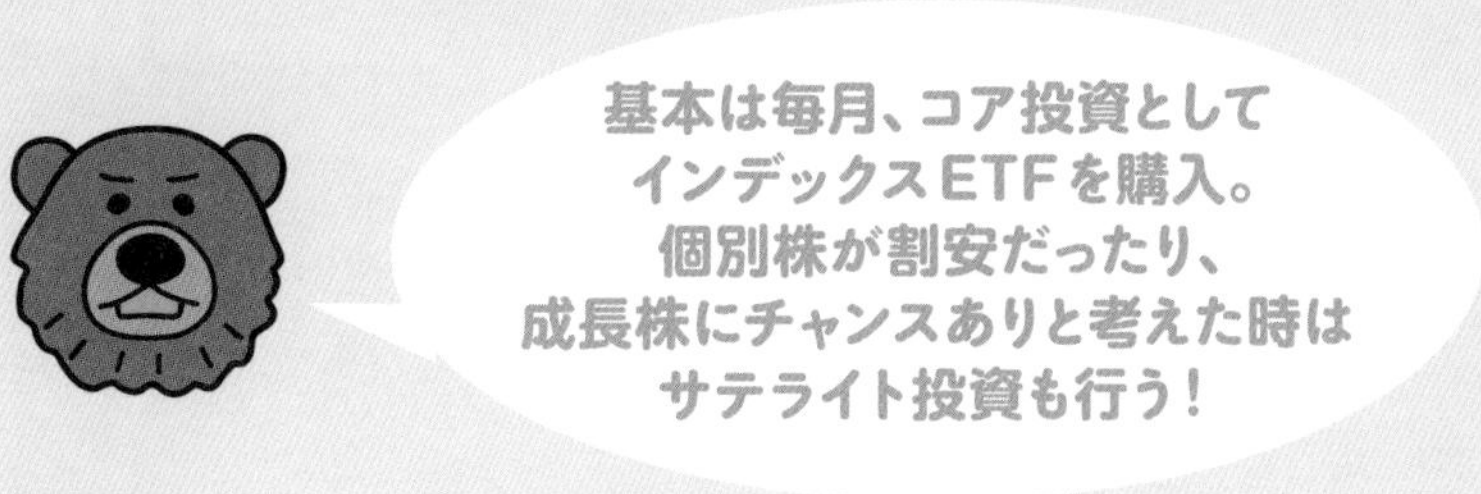
基本は毎月、コア投資として
インデックスETFを購入。
個別株が割安だったり、
成長株にチャンスありと考えた時は
サテライト投資も行う！

Point

コアを確保しておくことで、
安心してサテライトに挑戦できる

08 面白そうな銘柄に投資してみるのも続けるコツ

このように、機械的にインデックスに投資するかたわらで、時おり高利回りを狙ったり、キャピタルゲインを狙った投資もしているわけなのですが、ぼくが個別株に投資するのはある意味「それが面白いから」というのも理由の1つです。

投資の世界に長いこと触れ続けるコツとして、完全なほったらかし投資にするのではなく、ある程度楽しみながら自分のやりたい投資にチャレンジするのも秘訣かと思います。

インデックス投資のデメリットは、個別株の検討・選定や、その後の決算などイベントによってどのように株価が変わったか、そしていつ購入して、いつ売却するか、といった**「投資の経験」が積めない**という点にあると思います。

ほったらかし投資は魅力的ですが、すべての投資をほったらかしにしてしまうと、長年投資をしていても値動きや変動の理由がわからないままになってしまいます。

大きく稼ぐことは難しい

逆にインデックスに投資せず、個別株への集中投資によって短期間で大きく稼ぐことを目指す人もいますが、実現するのはかなり難しいと思っています。それは**勝ち続けることが難しいためで、ほとんどの人は失敗するか、長続きしないはず**です。

みなさんの大事な資金を投じて利益を上げていくことを考えると、**再現性の高い方法（誰がやっても同じような結果が出る方法）をコア**にして、長期的に手堅く資産を増やしていくべきだと思います。

つまり、インデックス投資も個別株投資も、両方やった方が良いでしょう。

興味のある銘柄への投資もしてみよう

インデックス投資が
効率的なのはわかるけど、
大きく成長する成長株にも
積極的に投資してみたい……

コア投資はしっかりと確保しつつ、
いろいろな銘柄に挑戦してみることは
投資経験を積むうえでも良いと思う！

インデックス投資だけするデメリット

- 個別株の情報から投資する銘柄を決められない
- 決算や出来事による値動きの変化を学べない
- 投資の失敗というある意味貴重な経験もできない

➡投資の経験を積むことができない

サテライト投資の注意点

- サテライト投資はあくまで「少額」で
- コアとサテライトで、7:3ぐらいの
割合がオススメ

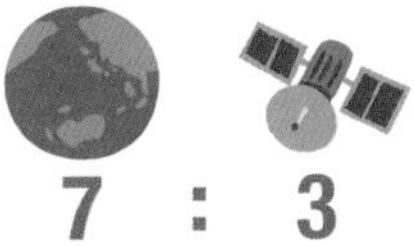

➡一番大事なのは自分の生活や資産！

Point

**恐れるべきは一発退場と無経験。
長く株式市場に触れていくために、
バランス良く投資しよう**

09 収入の1割投資法

毎月米国株に投資していくとしたら、収入の何割を投資にあてるのが理想的でしょうか？

これはみなさんが置かれている状況……**収入や支出、年齢、そしてリスクをどれぐらい取るかによって変わる**ので、一概には言い切れません。

目的に応じて比率を決める

ちなみに、ぼくは収入の2〜3割ぐらいを投資に回しています。

理由としては、ぼく個人にそれほど固定費の出費がないこと、多少リスクを取っても米国株に投資して保有の株数を増やしていき、若いうちに安定的な不労所得を増やしていきたいという目的があります。

名前のとおり、基本は怠け者ですので、安定的な配当収入をどんどん増やしたいのです。いずれは生活費のすべてを配当収入でまかなえるようにすることを米国株投資の最終目標にしています。

投資の結果を決める方程式

投資の結果は、「投資金額×投資期間×利回り」で決まります。投資期間を長く持つことができるのであれば、収入の1割でも複利効果で増やしていくことは十分可能です。

例えば、若く働き盛りで、家賃や家族の扶養などで固定費もかかる、という人の場合はどうでしょうか。

これから長期間働いて稼げるなら、生活費や固定費を優先して、投資金額は収入の1割としても良いと思います。

逆にこれから先の投資期間が短くなるにつれて、投資金額を増やさないといけなくなるので、その場合は収入額の2〜3割を積極的に投資に回していくことになりますね。

収入の何割を投資にあてるべき？

怠け者は
収入の2〜3割を
投資に回している！

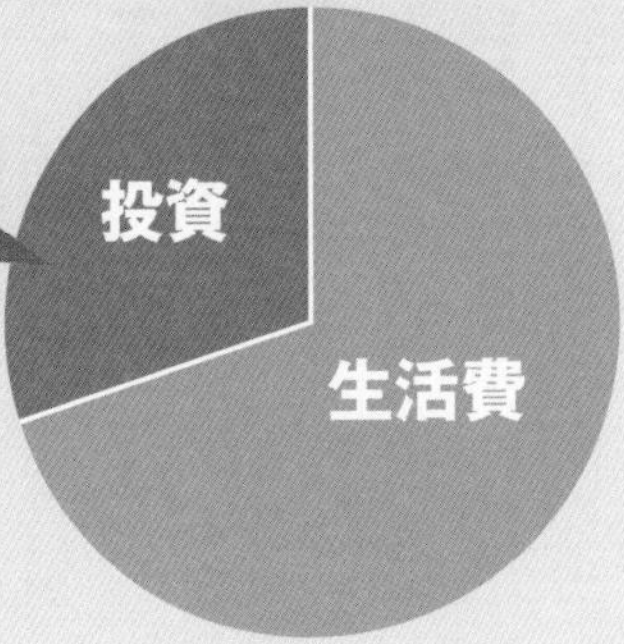

多少リスクを取ってでも、
保有する株数を増やして
積極的に配当収入を得ることを
目的にしています

目標：配当収入で生活費をまかなえるようにする

投資の結果はこの方程式で決まる

投資金額 × 投資期間 × 利回り

Point

これからまだまだ長い期間、
米国株に投資していけるなら
収入の1割ぐらいでも十分

10 投資はあくまで「余裕資金」で

投資も重要ですが、それよりも重要なのは日々の生活なので、投資はあくまで余裕資金の範囲内でやるべきです。

毎月の収入は大きくこの2つに分類できます。

・**生活資金　（生活費・固定費）**
・**余裕資金　（残りのお金）**

生活資金はみなさんの収入や支出によって変わってきます。

まずはここをキチンと把握したうえで、残りの余裕資金の範囲内で苦労することなく、コツコツ続けられる金額で投資していくべきだと思います。

長く続けるにはバランスが大事

米国株は長期的に見て成長し続けている市場であり、長期的に投資していれば、高確率で儲けることができます。

長期間投資を続けるということを前提に考えた場合、生活資金と余裕資金のバランスが崩れた極端な投資は長続きせず、途中で投資を止めてしまうことにもつながります。あくまで余裕資金の範囲内で、コツコツやっていきましょう。

万が一のために貯金を確保

また、景気動向は常に変わっていくものなので、万一仕事がなくなって収入が途絶えた時などのために、**自分の生活を一定期間守るための「生活防衛資金」**も考えておくべきです。一般的には**生活資金の3カ月分ほどの貯金**を確保しておくべし、とされています。まずはこの3カ月分の生活資金を貯めておいて、その後、投資に回していくという優先順位がベストです。何よりも、生活の安定を優先しましょう！

余裕資金の中で投資しよう

余裕資金
収入額から生活資金を
差し引いた残りのお金
➡貯金するか投資するか、
自由に選べる

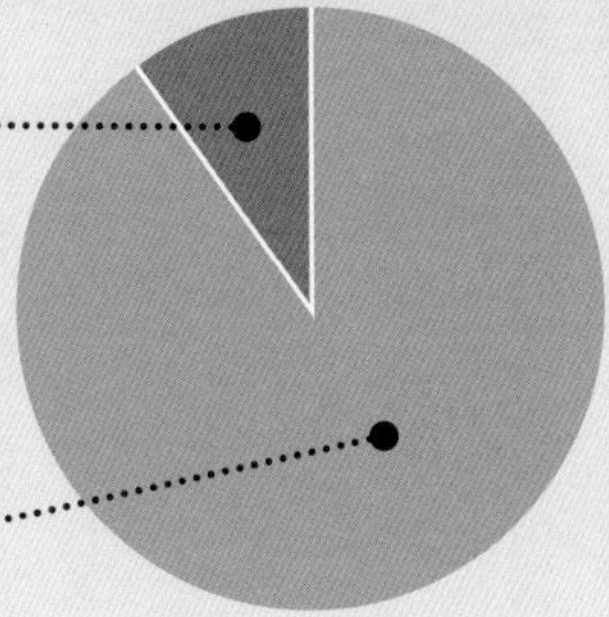

生活資金
日々の生活に必要不可欠
なお金。家賃やローンな
どの固定費、生活費など

優先すべきは
やっぱりみなさんの**生活資金**！
まずは生活を安定させることを
第一にして、そこから**少額**でも
長期的に投資していこう

ステップ❶
まずは自分の収入額と生活資金が
それぞれどれぐらいかを計算

→ 現状の把握

ステップ❷
生活防衛資金を貯める

→ 最低でも3カ月分の生活資金を貯金するところからスタート

ステップ❸
余裕資金を使って米国株に投資していく

→ 生活を第一に考えた投資

Point

生活防衛資金を区別できるように
メインの口座と貯金用の口座とで分けて
管理するのがオススメ

11 次の大国……中国株やインド株はどうか？

最後に、経済成長目覚ましい中国株やインド株への投資ですが、ぼくは両者とも直接投資はしないことにしています。

なぜなら、中国株は経済成長と比例しないのとカントリーリスクがあるから、インド株は通貨安で思ったように投資結果が出ないからです。

中国・インドを避ける理由

世界有数の経済成長を遂げた中国ですが、**実は平均株価である上海総合指数は、過去10年間で15%しか伸びておらず**、経済の成長が株式に反映されていません。

また、**アメリカを中心に他国との対立が年々激化しているの**で、カントリーリスクも色濃く残ります。

インドの平均株価であるＳＥＮＳＥＸは10年間で１２０％上昇と成長していますが、**インド通貨のルピーは恒常的に通貨安になりやすい**という問題があります。

インドルピー・日本円のレートは、過去10年間で20%マイナスと、ルピー安・円高です。この通貨安を加味すると、実は思ったほど株価が上昇していないということになります。

「為替リスク」によるマイナス影響が出やすい国ということですね。

買うなら全世界ETFで

世界の成長を株式で取り込むのであれば、**アメリカのグローバル企業に投資をする方が、ルール上も為替上も効率が良い**です。

とはいえ、ここでも未来のことは予測できないという考えのもと、第3章8項で紹介した全世界ＥＴＦを購入するといった形で、中国株・インド株をポートフォリオの一部に含めるのも良いと思います。

経済成長する中国株・インド株はどうか？

中国　上海総合指数（SHCOMP）

- 経済成長が株価に反映されづらい
- アメリカとの対立、2030年以降の人口減少、株式規制などのカントリーリスクが懸念点

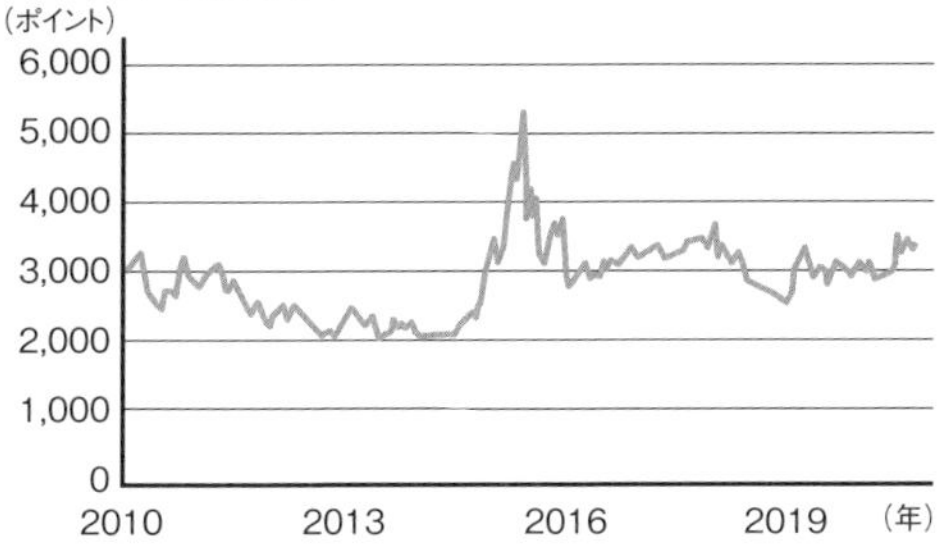

インド　SENSEX指数

- 株価は大きく成長を続けている
- インドルピーは常に通貨安傾向にあるため、為替差損が起き、リターンが低くなる構造にある

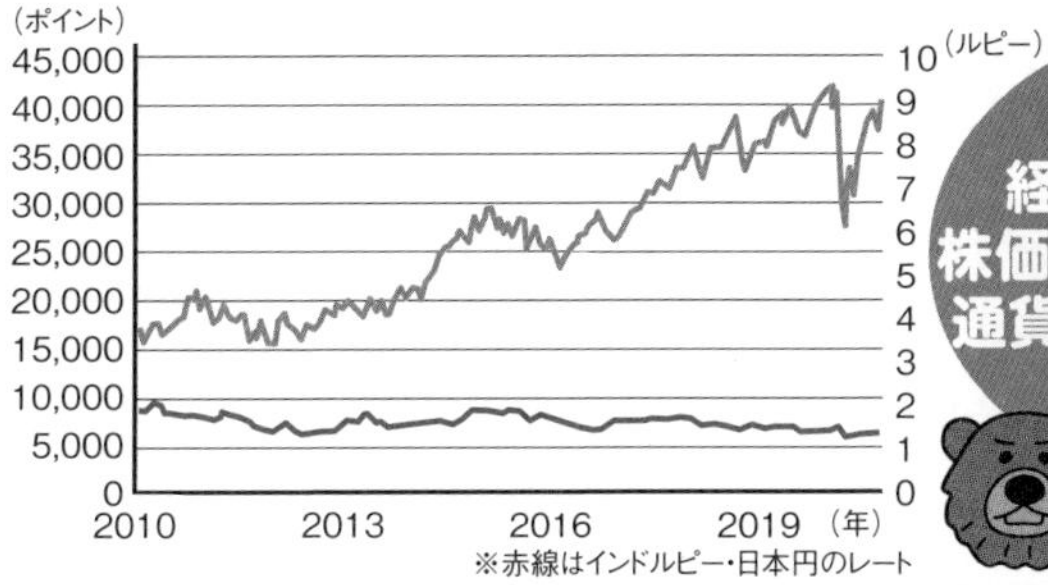

※赤線はインドルピー・日本円のレート

Point

今後、経済成長が株価に反映されるようになっていく可能性もある。しかし現在は、米国株投資が最も効率的

COLUMN

アメリカ以外の投資はリスクの分散？

米国経済がコケた時の株価の暴落が怖いので、回避するために米国株以外にも分散投資をしましょう。

……ということを時々聞きますが、これは半分正解で半分間違いです。

というのも、米国経済が万一破綻して暴落した場合、他国の株式も確実に暴落するからです。日本株やアメリカ以外の先進国だけに投資していたとしても、暴落の煽りを受けることになるため、株式の分散投資に暴落回避の効果はありません。世界的な暴落リスクを回避したいのであれば、株式に分散投資するのではなく、別の種類の資産に分散投資・保有をするべきです。その中で、ひとまず有力なのは金投資です。

金は価値がなくならない実物の資産として、人類の長い歴史上でずっと重用されてきました。現在も金はあらゆることに使われる貴重な資源で、その価格は上がり続けています。ETFの形で気軽に購入することができ、日本国内のETFでは金の現物と実際に交換をすることも可能です。

ただし、金の保有そのものが配当金のような利益を生み出すものではなく、あくまで資産の保全だけが目的となります。資産を増やしていくことが目的ならば、やはり株式に投資をしていかねばなりません。

みなさん自身の投資のステージを考えて、「増やしていくステージ」なら株式に積極的に投資し、「守っていくステージ」なら金や現金などの比率を増やす……といった判断が必要になってきますね。

おわりに

ここまでお読みいただき、ありがとうございました！

ぼくは20代前半に「亡くなった父親の退職金を家族で運用していこう」と考えたことがきっかけで投資を始め、これまでに投資信託やＦＸ、外貨預金、日本株や新興国株、仮想通貨にロボアドバイザーなど数々の投資方法を試してきました。そうして世界各国の株式市場、数々の投資方法を見渡してきて、最終的に米国株が最も「効率が良い」「再現性が高い」というところに落ち着きました。

これは、数多くの投資家が行き着く1つの結論だと思います。投資の世界では、再現性が高い（セオリーどおりやれば誰でもできる）のはとても重要なことです。環境やトレードの実力、タイミングによって結果が変わる投資方法は再現性が低く、実現できるかは不確実です。その点米国株はこれまでの長い歴史上、セオリーどおりにやれば高確率でリターンがプラスになってきました。もちろん未来が確実にわかるわけではないですが、それはどんな投資でも同様です。今後、資産を増やしていきたい、安定収入を得ていきたい……本書がそのための第一歩として役立てば光栄です。

最後に、ぼくはこうした投資情報をシェアする「なまけものチャンネル」というＹｏｕＴｕｂｅチャンネルを運営しています。本の中で紹介しきれなかった詳しい情報も定期的にアップしているので、もっと詳しく知りたい！　という方は、ぜひチェック&チャンネル登録いただければ幸いです！

http://bit.ly/namakemonoYT

索引

会員特典データのご案内

会員特典データは、以下のサイトからダウンロードして入手いただけます。

https://www.shoeisha.co.jp/book/present/9784798166643

※会員特典データのファイルは圧縮されています。ダウンロードしたファイルをダブルクリックすると、ファイルが解凍され、利用いただけます。

●注意

※会員特典データのダウンロードには、SHOEISHA iD（翔泳社が運営する無料の会員制度）への会員登録が必要です。詳しくは、Webサイトをご覧ください。

※会員特典データに関する権利は著者および株式会社翔泳社が所有しています。許可なく配布したり、Webサイトに転載することはできません。

※会員特典データの提供は予告なく終了することがあります。あらかじめご了承ください。

●免責事項

※会員特典データの記載内容は、2020年11月現在の法令等に基づいています。

※会員特典データに記載されたURL等は予告なく変更される場合があります。

※会員特典データの提供にあたっては正確な記述につとめましたが、著者や出版社などのいずれも、その内容に対してなんらかの保証をするものではなく、内容やサンプルに基づくいかなる運用結果に関してもいっさいの責任を負いません。

※会員特典データに記載されている会社名、製品名はそれぞれ各社の商標および登録商標です。

本書内容に関するお問い合わせについて

このたびは翔泳社の書籍をお買い上げいただき、誠にありがとうございます。弊社では、読者の皆様からのお問い合わせに適切に対応させていただくため、以下のガイドラインへのご協力をお願い致しております。下記項目をお読みいただき、手順に従ってお問い合わせください。

●ご質問される前に

弊社Webサイトの「正誤表」をご参照ください。これまでに判明した正誤や追加情報を掲載しています。

正誤表　https://www.shoeisha.co.jp/book/errata/

●ご質問方法

弊社Webサイトの「刊行物Q&A」をご利用ください。

刊行物Q&A　https://www.shoeisha.co.jp/book/qa/

インターネットをご利用でない場合は、FAXまたは郵便にて、下記“翔泳社 愛読者サービスセンター”までお問い合わせください。電話でのご質問は、お受けしておりません。

●回答について

回答は、ご質問いただいた手段によってご返事申し上げます。ご質問の内容によっては、回答に数日ないしはそれ以上の期間を要する場合があります。

●ご質問に際してのご注意

本書の対象を越えるもの、記述個所を特定されないもの、また読者固有の環境に起因するご質問等にはお答えできませんので、予めご了承ください。

●郵便物送付先およびFAX番号

送付先住所 〒160-0006　東京都新宿区舟町5
FAX番号 03-5362-3818
宛先（株）翔泳社 愛読者サービスセンター

※ 本書に記載されている内容は、2020年11月現在の情報に基づいています。

※ 本書に記載されたURL等は予告なく変更される場合があります。

※ 本書の出版にあたっては正確な記述につとめましたが、著者や出版社などのいずれも、本書の内容に対してなんらかの保証をするものではなく、内容やサンプルに基づくいかなる運用結果に関してもいっさいの責任を負いません。

著者紹介

20代怠け者（上本敏雅）（にじゅうだいなまけもの・うえもととしまさ）

フリーランサー、ブロガー、YouTuber。

20代前半の時、亡くなった父の退職金を家族で分配し運用し始めたことをキッカケに、投資の世界に入る。そこから投資信託をスタートし、米国株の魅力と力強さに気づき、投資信託と米国個別株投資の両輪で資産運用を始める。基本的には短期の売買トレードは行わず、長期で保有することで安定的な不労所得を得ていく、誰にでもできる投資スタイルを実践中。

2017年には『超ど素人がはじめる投資信託』（翔泳社刊）を出版、投資関係の書籍は今作で2冊目となる。

現在は投資の情報をシェアするYouTubeチャンネル「なまけものチャンネル」をメインに運営中。

同じく投資情報をシェアするブログ「怠け者の20代が投資やってみたブログ」も運営中。

節約や副業をしながら、そこで稼いだお金を投資に回して、資産と不労所得を増やしていくヒントを紹介している。

なまけものチャンネル
http://bit.ly/namakemonoYT

怠け者の20代が投資やってみたブログ
https://20sinvest.com/

STAFF

カバーデザイン	河南 祐介（株式会社FANTAGRAPH）
本文デザイン	五味 聡（株式会社FANTAGRAPH）
カバー／本文イラスト	今井ヨージ
DTP	有限会社ケイズプロダクション

超ど素人がはじめる米国株

2021年1月18日　初版第1刷発行
2021年2月20日　初版第2刷発行

著者	20代怠け者（上本敏雅）
発行人	佐々木 幹夫
発行所	株式会社 翔泳社（https://www.shoeisha.co.jp/）
印刷所	公和印刷株式会社
製本所	株式会社 国宝社

＊本書へのお問い合わせについては159ページに記載の内容をお読みください。
＊落丁・乱丁はお取り替えいたします。03-5362-3705までご連絡ください。

ISBN978-4-7981-6664-3　Printed in Japan